Hypnos

léieren ze hypnotiséieren

Schrëtt fir Schrëtt

Arnold Buzdygan

arnold@buzdygan.com

INHALTSVERZEECHNES

Allgemeng Neiegkeeten

Definitioun vun Hypnos.

Vill Fuerscher hunn iwwer Hypnose geschwat, vill Theorien, Hypothesen an Definitioune goufen entwéckelt, awer kee vun hinne gëtt vun all Dokteren ugeholl. Also d' Situatioun ass d'Resultat vun der Tatsaach datt d'Phänomener déi an der Hypnose optrieden och an anere Bewosstsinnszoustänn optrieden, sou datt et keen eendeitege physiologeschen Determinant gëtt deen d'Optriede vum Phänomen garantéiert. Déi meescht Wëssenschaftler huelen de folgende Begrëff fir Hypnos un:

"Hypnose ass e Staat vun verännerter Opmierksamkeet an engem Sujet deen entweder vun enger anerer Persoun ausgeléist ka ginn oder spontan erschéngt, an deem verschidde Äntwerte vum Thema entweder spontan oder als Äntwert op verschidde Reizen optriede kënnen."

Haut si vill Spezialisten der Meenung datt d'Hypnos ee vun den autonomen Zoustänn vum Bewosstsinn ass (niewent dem erwächenen a schlofe Staaten) a ka bei all Mënsch ënner de richtege Bedingunge geschéien - wéi zum Beispill Schlof kann am ongënschtegste Moment ënner dem Afloss vun extremer Erschöpfung optrieden. .

D'Adoptioun vun esou engem Begrëff vun der Hypnos erliichtert d'Fuerschung driwwer, well et "deemoniséiert" gouf. Et erlaabt eis och ze verstoen firwat verschidde Hypnotisten, och déi selwecht Techniken, verschidden Effekter an dëse selbsthypnotiséierte Leit erreecht hunn. Awer ech wäert méi driwwer schreiwen an engem anere Kapitel.

4

Mythen a Mëssverständnesser a Realitéit.

Mythos 1 - Falsch

Hypnose ass eppes vun der Parapsychologie, engem iwwernatierleche Phänomen dat keng wëssenschaftlech Bestätegung huet.

Wourecht: Hypnose gouf wëssenschaftlech verifizéiert a gëtt an der Medizin, der Wëssenschaft, an och der Police Aarbecht benotzt.

Mythos 2 - Falsch

En Hypnotist ass eng Persoun mat iwwernatierlecher Kraaft.

Wourecht: Jiddereen deen e bësse schlau ass kann en Hypnotist ginn. De Wolberg an engem vu senge Bicher beschreift d'Beispill vun e puer Joer aalt Meedchen, dat Hypnose geléiert huet andeems en e Film gekuckt huet an et erfollegräich op seng Kollegen aus dem Spillschoul getest huet . Wéi och ëmmer, wéinst der Popularitéit vun dësem Mythos kann et nëtzlech sinn eng Aura vu Mystère ronderëm sech selwer ze kreéieren fir d'Aufgab ze vereinfachen e puer Leit ze transducéieren.

Mythos 3 - Falsch

Dir kënnt géint Äre Wëllen hypnotiséiert ginn.

Wourecht: Jiddereen dee realiséiert datt se hypnotiséiert sinn, ka sech dogéint wieren ouni vill Probleemer. Trotzdem kann eng Persoun déi net bewosst ass vun der Hypnose, déi op hie gemaach gëtt, hypnotiséiert ginn, awer et kann net hei gesot ginn datt et géint säi Wëlle war. Ausserdeem kann esou en Event nëmmen a ganz wéinege Situatiounen optrieden. Wann Giicht vun hinnen wäert ech an engem spéidere Kapitel erklären.

Mythos 4 - Falsch

Déi hypnotiséierter Persoun befollegt all d'Befehle vum Hypnotist.

Wourecht: Déi hypnotiséiert Persoun, och an der déifster Trance, kontrolléiert onbewosst d'Situatioun a wäert net Befehle verfollegen déi geféierlech fir sech selwer sinn oder mat senge Standarden am Konflikt sinn.

Mythos 5 - Falsch.

Déi hypnotiséiert Persoun huet iwwerhuman Kraaft.

Wourecht: Tatsächlech gëtt et nëmmen de maximalen Asaz vun alle Méiglechkeeten a verstoppte Reserven vum Kierper (geeschteg, intellektuell a kierperlech), wouduerch déi hypnotiséiert iwwerhuman Kraaft schéngt.

En ähnleche Phänomen trëtt ënner extremem Stress op, zB e Mann dee vun engem Hond fortlafe entwéckelt Geschwindegkeet déi fir sech selwer onméiglech wier.

Mythos 6. - Falsch dech

"Schwaach" Leit sinn hypnotiséiert a "staark" Perséinlechkeete si resistent.

Wourecht: Am Géigendeel. Staark an ausgeglach Perséinlechkeete si méi oppen an hunn net Angscht virun Hypnose. "Schwaach" Perséinlechkeete si méi schwéier doranner ze ginn wéinst dem Gefill menacéiert ze sinn.

Mythos 7 - Falsch lieweg

Et ass méiglech net aus der hypnotescher Trance erauszekommen

Wourecht: Aus enger Trance ausbriechen ass méi einfach wéi hypnotiséiert ze ginn. Och wann déi hypnotiséiert Persoun net op d'Befehle geäntwert huet fir aus der Trance erauszekommen, géif hie schlofen wann se eleng bleift a waakreg ginn ouni de Staat vun der Hypnose.

Schiedlechkeet vun der Hypnos.

Keen vun de Studien, déi bis elo gemaach goufen, huet keng

Schiedlechkeet vun der Hypnos gewisen. Dëst zielt fir déi physesch a spirituell Sphäre vum Mënsch. De Phänomen selwer ass absolut natierlech an harmlos am Sënn datt et net méi an net manner schiedlech ass wéi all aner mënschlech Relatioun. (Interpersonal Bezéiunge gi verstan als all offen, verbal, onbewosst, kierperlech a psychologesch Interaktiounen tëscht de Leit).

Also Dir kënnt engem verletzen, awer Dir hutt de selwechte Risiko an normale mënschleche Bezéiungen. Ech wéilt nach eng Kéier drop hiweisen datt den Zoustand vun h an Nnosis selwer net schiedlech ass an nëmmen d'Suggestioune vum Hypnotist kënne schueden, zB duerch onberechenbar Associatiounen déi Stress verursaachen.

Och falsch benotzte Befeeler kënne Schied verursaachen, zB wann Dir Onsensibilitéit fir Schmerz demonstréiert, kënnt Dir net soen: "Dir fillt Är Hand net, Dir fillt kee Schmerz ...", well et kann eng ëmgedréint Reaktioun verursaachen an organesch Schmerz verursaachen oder eng verdummt Handstralung . fir Onsensibilitéit fir Péng z'erreechen, da Virschléi wéi "... elo fir ee Moment fillt Dir Iech net wann ech dech beréieren, fir ee Moment fillt Dir Iech keng désagréabel Sensatiounen ...".

Dir sollt déi selwecht Persoun och net ze dacks fir Demonstratioun Hypnos Sessions benotzen, well gewalteg Trance och Stress verursaacht.

Empfindlechkeet fir Hypnos.

Empfindlechkeet fir Hypnose ass d'Fäegkeet an eng hypnotesch Trance anzegoen.

Hypnotiste gleewen datt Dir Hypnose an der grousser Majoritéit vun der Bevëlkerung induzéiere kënnt . Et hänkt haaptsächlech vum emotionalen Zoustand vun der hypnotiséierter Persoun a villen anere Faktoren of. Dacks wäert déi selwecht Persoun eemol an déi déif Trance agoen , an aner Zäiten nëmme seeg oder guer net.

De Géigendeel ass och richteg. Eng Persoun déi Schwieregkeeten an dësem Beräich hat kritt se op eemol lass. Iwwregens, et ass derwäert ze bemierken datt Leit déi hypnotiséiert sinn iergendwéi "léieren" an eng

Trance eranzekommen an et ass all Kéier méi einfach fir si. Natierlech ass dat keng Regel.

Een Hypnotist (Kratochvil) behaapt datt ongeféier 5% vun der Bevëlkerung komplett sinn (net fir permanent ze soen) onempfindlech fir Hypnos. Ongeféier 25% vu Leit kënnen an déi déifst Trance erakommen , an de Rescht erreecht verschidden Zwëschestänn vun Hypnose.

E puer Hypnotisten erreechen besser y Resultater, wat d'Resultat vun enger besserer Approche fir déi hypnotiséiert ka sinn, a vläicht spillt d'Plaz vun der Hypnotiséierung eng grouss Roll dran.

Zum Beispill, Bernheim behaapt datt an engem Spidol 80% vu senge Patienten déif hypnotiséiert wieren, wärend nëmmen 20% vun deene privat hypnotiséiert waren .

Empfindlechkeet fir Hypnos ass onofhängeg vu Geschlecht, Ausbildung an Intelligenz.

Wéi och ëmmer, et hänkt dovun of:

-Alter - vu 5 bis 17 Joer e bësse méi grouss wéi aner Altersgruppen

-Relatiounen tëscht dem Hypnotist an der Hypnotiséierter (Viruerteeler an eng Imosie hu schlecht Prognose)

-Imaginatioune vum Hypnotist iwwer wéi d'Hypnose an den Hypnotist soll ausgesinn.

Et ass derwäert ze bemierken datt Leit, déi somnambulesch sinn (déif schlofen, Schwieregkeeten hunn ze erwächen aus dem Schlof wann se waakreg sinn) ganz hypnotesch sinn an einfach an déi déif Trance erakommen.

D'Tiefe vun der Trance.

D'Tiefe vum Training gëtt verstan als d'Fäegkeet vun der hypnotiséierter Persoun fir Suggestiounen hierarchiséiert ze maachen nom Schwieregkeetsgrad. Dëst bedeit datt déi méi schwiereg Befehle vun der hypnotiséierter Persoun follegt, dest méi grouss d'Tiefe vun der Trance. Ausserdeem, d'Déift vun der Trance ze bestëmmen hëlleft dem Hypnotist d'Suggestiounen entspriechend ze wielen, sou datt se net ze schwéier ëmzesetzen sinn. Zwee Waage fir Trance Tiefe ginn allgemeng benotzt.

Davis a Mann Scorendësch

Dës Tabell gëtt eng Iddi wéi déif eng Trance hypnotiséiert gëtt andeems hie seng Reaktiounen observéiert . Zousätzlech erlaabt et och eng gewësse Standardiséierung vun de Resultater vun den Tester, well et méi präzis ass wéi déi deskriptiv Skala. Also ass et méiglech en Experiment ze maachen an ze schléissen datt Persoun A, an der Hypnosebühn 10 ass, dëst an dat gemaach huet a Persoun B net. Dank deem kënnt Dir Erfahrungen vergläichen an iwwerpréiwen (*bestätegen oder verweigeren hir Wouerechtkeet andeems Dir aner Experimenter mécht*).

Déift Grad Symptomer

Resistent	0	
H ipnoid	3	Liicht Entspanung
	4	Augenlidd fladdert
	5	Vollkierper Entspanung
Mëll Trans	6	Okular Katalepsie
	7	Glidderkatalepsie
	10	steife Katalepsie
	11	Liicht Anästhesie
Mëttler trans	13	deelweis Amnesie vun Eventer ënner Hypnose
	17	Perséinlechkeet Ännerungen
	18	einfach posthypnotesch Virschléi
	20	kinästhetesch Illusiounen
Deep Trance	21	Ae Ouverture an enger Trance
	26	schwéier posthypnotesch Virschléi
	27	positiv Hörhalluzinatiounen
	29	Auditiv Halluzinatiounen negativ
	30	visuell Halluzinatiounen an negativ

Beschreiwend Skala.

Geméiss Forel deelen mir Hypnose an dräi Haaptstufen:

-Liicht (Schlof oder Middegkeet - charakteriséiert sech duerch Middegkeet an Entspanung.

-medium (hypothetesch, dh Liicht Schlof) - hypnotiséiert kann seng Aen net opmaachen, awer verléiert net Gedächtnis.

- déif (Somnambulismus, dh déif Schlof) - wann hypnotiséiert, kann hien seng Aen opmaachen, schwätzen an an eng Trance goen.

Tester fir Empfindlechkeet op Virschléi.

Si sinn nëtzlech fir ze bestëmmen ob den Testpersoun hypnotesch ass. Wéi och ëmmer, et ass net ëmmer einfach Leit ze hypnotiséieren déi suggestiv sinn. Wéi och ëmmer, et kann net verweigert ginn datt Leit, déi liicht empfindlech sinn, méi ufälleg fir Hypnos sinn. Fir eng méi einfach Presentatioun vum Problem zitéieren ech héchstens e puer populär Methoden.

Geklommten Handtest.

Et ass déi meescht benotzt Method vun Hypnotisten wéinst senger Einfachheet an der Méiglechkeet vu Gruppeapplikatioun. D'Testpersoun setzt gemittlech mat zouenen Aen. Mir recommandéieren hatt sech op d'Impressiounen ze konzentréieren, déi aus hirer Hand kommen. Mir soen hir hir Hand um Réck vum Stull ze knipsen an da schloe vir, datt hir Hand de Kiefer vun enger Schrauwen ass, déi se fest a méi enk hëlt. Da gëtt virgeschlo datt dës Kiefer trotz Versuch net opmaachen. Da kucke mer genau ob de Sujet Problemer huet seng Hand opzemaachen oder net. Wat méi schwéier een d'Hand dréckt, wat si méi ufälleg fir Virschléi.

Liicht Hänn Test.

An dësem Test steet d'Testpersoun an der Dier, d'Hänn mam bannenzegen Deel op den Dierframes. Seng Ae sinn zou. Mir maachen hatt d'Frames mat hiren Hänn fir ongeféier eng Minutt dréckt. Zu dëser Zäit soen mir hatt datt hatt ganz liicht Hänn huet déi vum selwen eropgoen . Da mécht hien e Schrëtt no vir. Mir observéiere wéi héich dës Hänn opstinn. Wat méi héich et ass, wat méi empfindlech fir Virschléi ass. Et gëtt e gewëssen interpretativen Risiko fir dësen Test wéi d'Levée vun den Hänn deelweis wéinst dem entspaanten Drock an de Muskelen ass. Et huet och e grousse Virdeel - et stäerkt de Glawen an d'Kraaft vum Hypnotist virum Hypnos.

Falen Mënz Test.

Den Testpersoun gëtt eng Mënz uewen op seng ausgestreckt Hand geluecht. Mir kréien hatt d'Aen zou. Mir proposéieren datt d'Hand lues dréint an d'Mënz rutscht: "Mone ta ass op Ärer Hand . Soulaang wéi Är Hand Niveau ass, bleift d'Mënz stänneg. Awer op eemol fänkt et lues un ze dréinen, an d'Mënz rutscht d'Säit vun Ärer Hand erof. Är Hand dréint an d'Mënz rutscht no bannen. Ni dat hatt fale léisst ... ". Dësen Text widderhëlt sech e puermol. Wann den Test gesäiert den Androck huet datt d'Mënz rutscht seng Hand reagéiert am Ëmgedréint Richtung. Wann een esou Reaktiounen huet, dh. Et ass ganz ufälleg fir Virschlag. Manner ufälleg d'Leit äntweren normalerweis net op dësen Test.

Technik vun der Induktioun an Trance.

Éischten Interview .

De richtege Verlaf vun der Hypnotiséierung sollt folgend sinn:

- Virleefeg Interview

- Hypnotiséiert Pose

- Dir an eng Trance ze bréngen

- Verdéiwung vun der Trance

- Aus Trance ausbriechen

D'Aféierungskonversatioun ass eng ganz wichteg Etapp vun der Hypnos, an zousätzlech dozou gëtt et ganz dacks iwwersinn (meeschtens wéinst der Faulheet vum hypnotisteschen an iwwerdriwwe Glawen u sech selwer). D'Aféierungsconversioun erlaabt dem Hypnotist eng Iddi ze kréien vun den hypnotiséierten Iddien iwwer Hypnose. Dëst Wëssen erlaabt dem Hypnotist de beschte Wee unzehuelen fir mat sou enger Persoun ëmzegoen.

Am initialen Interview sollt Dir:

- Fannt vun der hypnotiséierter Persoun eraus wat hien denkt a wësst iwwer Hypnose.

Wann Dir Hypnose als mysteriéis betruecht, sollt Dir net ëmmer erkläre wat et wierklech ass, well sou eng Iwwerzeegung d'Entrée an d'Hypnose erliichtert.

- méiglech Ängscht vun der hypnotiséierter Persoun iwwerwannen.

Meeschtens hunn d'Leit Angscht net aus hirer Trance erauszekommen. Dir musst hinnen dann erklären datt et net méiglech ass, well déi

hypnotiséierter Persoun schléift eleng an, an da geet et duer hien einfach
nëmmen erwächen ze loossen.

- fannt eraus wéi eng Technik a wéi eng Approche ze wielen.

Arrangéiert déi hypnotiséiert Persoun .

Déi hypnotiséiert Persoun ka léien oder sëtzen. Et ass wichteg datt hien
an enger Positioun ass déi him bequem ass.

An der Sëtzpositioun ass de beschte Wee fir hypnotiséiert ze ginn, liicht
op d'Säit gekippt ze sëtzen, d'Säit vum Kierper op der Säitespannung ze
lenken. Säi Kapp leet op der Kapplehne, a seng Hänn leie fräi op de
Réckreschter vum Stull. D'Been solle richteg oprecht sinn a leien op
engem nidderegen Puff oder eppes ähnleches .
An dësem Fall sëtzt den Hypnotist niewent der Fotell, op der
entgéintgesater Säit vun där, op där den Hypnotist sech verleet.

An der Liggende Positioun ass et am beschten wann de hypnotiséierte
Mënsch um Réck läit, säi Kapp op e klengt Këssen gehuewe gëtt a seng
Äerm bei den Ielebou gebéit sinn. De Schouss sollt vum Kierper ewech
sinn an d'Hänn sollten et beréieren. Sou bilden d'Hänn en Dräieck mat
der Kierperlinn.

Et sollt bemierkt datt eng Persoun déi leet dacks e Gefill vun
Ofhängegkeet oder sexueller Associatioun entwéckelt - dëst kann de
Prozess vun der Hypnotiséierung erliichteren oder behënneren. Wärend
dem éischte Gespréich ass et derwäert ze spieren ob dës Gefiller
eliminéiert oder richteg benotzt musse ginn.

Eng Approche fir déi hypnotiséiert.

Déi richteg Approche fir déi faszinéiert ass d'Halschent vun der

Schluecht. Tatsächlech sinn et dräi Basis Approche op Basis vun deenen verschidde Modifikatioune gemaach ginn. Hei sinn se:

- dominant - den Hypnotist ass eng Autoritéit, hie gëtt Uerder déi net diskutéiert ginn.

Hypnotiséiert identifizéiert hien hie mat der Figur vu sengem Papp. Dës Method gëtt meeschtens vun Hip Notiséierer benotzt.

- emotional-mutterlech - den Hypnotist kreéiert e ganz enken, waarme Kontakt mat der hypnotiséierter. Den Hypnotist gëtt mat der Figur vum Dudelsak identifizéiert.

- passiv - den Hypnotist kreéiert den Androck datt déi hypnotiséiert Persoun sech selwer riicht an eng Trance erakënnt. Dës Method gëtt benotzt wa mir mat enger hypnotiséierter Persoun ze dinn hunn, déi vu Leit mësstrauen an nëmme selwer acceptéiert.

Wéi eng Method gewielt soll ginn hänkt vun der Aart vum Charakter vun der hypnotiséierter Persoun an hirem aktuellen Ego vun Humor of.

Dofir ass en Aféierungsgespréich extrem wichteg, wärend Dir iwwer de Charakter vun enger Persoun a säin aktuelle Wuelbefannen an Humor léiere kënnt.

Wiel vun der falscher Approche zu der hypnotiséierter Persoun ka komplett verhënneren datt se an eng Trance kommen.

Aarte vun Techniken.

Et gi sou vill hypnotiséiert Techniken wéi et Hypnotiser sinn, well jidderee vun hinnen entwéckelt seng eegen Techniken.

An dësem Buch wäert ech e puer klassesch Techniken aféieren, déi et erlaben jiddereen seng eegen Techniken z'entwéckelen.

Am Hypnotiséiere gëtt d'Analogie zum Schlof meeschtens aus zwee

Grënn benotzt. Als éischt, an Trance goen ass ganz ähnlech wéi schlofen, an zweetens, d'Leit verbannen einfach d'Sensatioun vum Schlof mat de Sensatiounen vun Entspanung. Beim Hypnotiséiere mat Analogien fir ze schlofen, ginn monoton auditiv, visuell an taktile Reizen benotzt fir Schlofe bei der hypnotiséierter ze induzéieren, an iwwerzeegen him doduerch datt säi Kierper der Tugend vum Hypnotiker ënnerworf ass.

Déi meescht benotzt Techniken sinn:

- Bernheim

- Hand Levitatioun

- Siicht Fixatioun

- Estradowa

- An der Technik vu Bernheim

D'Aeeliden si schwéier , schléifend an net fäeg d'Aen opzemaachen. Wann dëst erreecht gëtt, iwwerzeege mir eis vun der Schwéierkraaft vum Aarm, da sinn d'Been an de ganze Kierper. Mir vergiessen net déi ganzen Zäit iwwer Schlofegkeet, Soumissioun a Fridden ze schwätzen. Mir ginn eis Virschléi mat enger monotoner a roueger Stëmm fir d'Schlofegkeet vun der hypnotiséierter Persoun ze erhéijen. D'Zil wat mir ustriewen ass d'Opmierksamkeet vun der hypnotiséierter Persoun ze meeschteren .

- An der Technik vun der Hand Levitatioun

Mir instruéieren déi hypnotiséiert Persoun sech op d'Impressiounen ze konzentréieren, déi aus senger Hand kommen. Da beréiere mir dës Hand sanft mat engem Objet, sou datt déi hypnotiséiert Persoun sech besser drop konzentréiere kann. Mir proposéieren d'Muskelrelaxatioun (wann déi hypnotiséiert Persoun dat ka maachen), Inertie a Wäermt an de Been an Hänn. Da maache mir Virschléi fir d'Hand ze hiewen a se op d'Gesiicht oder en äneren Deel vum Kierper ze weisen. Wärend dëser gradueller Bewegung gi mir Virschléi fir ze stäerken, zB "... wann Är Hand Äert Gesiicht beréiert, wäert Dir scho schlofe schlofen ..." etc.

De Virdeel vun dëser Method ass datt Dir gesitt wéi séier den hypnotiséierte reagéiert sou datt Dir Iech un den Taux vu senger Reaktioun upasse kënnt.

- An der Technik vun der Ae Fixéierung

Déi hypnotiséierter Persoun starert laang op en Objet dat ongeféier 30 cm vun den Ae vum hypnotiséierten Ego gehale gëtt. Dëst ass déi bekanntst Hypnotiséierungstechnik a gëtt zimlech dacks benotzt.

Eist Zil ass Middegkeet an Middegkeet ze induzéieren, sou datt midd Aen sech zoumaachen a verhënneren datt den Hypnotiséierte sech vun anere Gedanken oflenkt. Wärend de faszinéierte Bléck op de Fixéierungsobjet, maache mir Virschléi iwwer brennen Aen, Middegkeet a Schwéierkraaft vun den Aeeliden. Wann déi faszinéiert Persoun seng Aen zoumécht, fuere mir weider wéi an der Bernheim Technik.

- Bühnentechnik

Et ass eng ganz dynamesch TEC TEC . Et benotzt d'Autoritéit vum Hypnotist an den Ënnerbewosstsinn vum Hypnotist fir aner Leit ze beandrocken. D'Verhalen vum Hypnotist soll empoweréiert sinn an absolut zouversiichtlech sou datt seng Virschléi direkt suivéiert ginn. Déi séier Ausféierung vun den éischte Virschléi ass extrem wichteg well et dem Hypnotist säi Glawen an d'Fäegkeete vum Hypnotist stäerkt. Dëst ass eng Technik déi am meeschte vun de Mythen ass verbonne mat Hypnose.

Dir fannt eng detailléiert Presentatioun a Methoden fir eenzel Techniken ëmzesetzen.

Baggerungsinduktioun.

Et fänkt u wann déi hypnotiséierter Persoun eng liicht Trance erreecht, an d'Zil ass eng mëttel bis déif Trance ze induzéieren. Dëst ass déi schwéierst Aufgab, well, wéi mir eis erënneren, si mir net fäeg eng duerchschnëttlech Trance bei jidderengem ze induzéieren, an nach manner Leit erreechen en déiwe Staat. Et sollt drun erënnert ginn datt nëmmen an der Bühnshypnose et néideg ass en déif Ego-Staat z'erreechen. An anere Fäll, fir e puer vun eis gesat Zil z'erreechen (z.

D'Trance gëtt verdéift duerch Virschléi ze maachen déi ëmmer méi schwéier ze maachen. Zur selwechter Zäit gëtt et konstant implizéiert datt eng gegebene Aktivitéit ausféieren d'Trance verdéift.

Während dem Mëttelstuf sinn déi folgend Aktivitéiten méiglech:

- keng Sensatiounen, Schmerz, asw. fillen - dat gëtt Anästhesie genannt. (Interessanterweis kann Anästhesie an enger liichter Trance erreecht ginn, iwwer déi vill Leit keng Ahnung hunn).

- Gedächtnisverloscht wärend an no Hypnose (posthypnotesch Amnesie) iwwer dat wat während der Hypnos geschitt ass.

- "an d'Zäit zréckgoen", zB zréck op Eventer aus der aler Kandheet.

- onrealistesch Virschléi ze ginn, z.B. d'Illusioun ze schafen an der Loft ze schwammen, ze schwammen an op anere Plazen ze sinn.

- Post-hypnotesch Virschléi ginn. Leider nëmmen iwwerpréift ginn nodeems Dir d'Trans verlooss hutt. Wa mir den Duerchschnëttsniveau vun der Hypnose erreechen, kënne mir verféieren ze probéieren ob déi hypnotiséiert Persoun seng Ae kann opmaachen a goen. Dëst sollt ganz suergfälteg gemaach ginn fir net mat ze schwéiere Virschléi selwer ze de-hypnotiséieren. Wann déi hypnotiséierter Persoun se ka maachen, heescht et, datt mir schonn en déiwen Niveau erreecht hunn an d'Ausféierung vun all schwierege Virschlag fuerderen kënnen.

Post-hypnotesch Virschléi.

Si sinn de beschte Beweis datt een ënner Hypnose war. Zur selwechter Zäit, Feeler fir se ze maachen heescht net datt Dir net dran war.

Post-hypnotesche Virschlag ass en Uerder fir all Handlung ze maachen nodeems Dir eng Trance erausgitt. Dës Aktioun gëtt op engem vereinbart Signal gemaach. Dëst Signal, wéi e Kommando, existéiert am mënschlechen Ënnerbewosstsinn.

Dofir, nodeems en souguer en absurde Kommando ausgefouert huet, wéi zum Beispill eng Fënster opzemaachen an zouzemaachen , gëtt et mat rationelle Grënn erkläert.

Posthypnotesch Virschléi ginn a mëttel bis déif Trance gemaach. En dacks benotzt Kommando ass der Persoun ze soen, déi hypnotiséiert gouf, ze vergiessen eng vun den Zuelen ze klappen. Nom Klappen , frot no engem haarde Countdown bis zwanzeg. Wann de Kommando ausgefouert gëtt, "spréngt" déi Persoun déi hypnotiséiert gouf déi gegeben Zuel oder op d'mannst hänkt domat fest.

Gitt sécher datt de Kommando ausführbar ass. Soss kann Neurose optrieden.

Aus der Trance erauszekommen.

Et ass dat einfachst an der ganzer Trance. Déi meescht üblech Method ass de luesen Countdown bis fënnef oder haut .

Den Haaptvirdeel vun der Countdown Method ass seng Wierksamkeet a glat Verlaf, déi hypnotiséiert Zäit gëtt fir den Organismus z'änneren.

Mir starten d'Ausfahrt aus der Trance andeems mir suggeréieren datt wann Dir fënnef (oder zéng) zu der Nummer bäifügt, Dir d'Trans erausgitt. Da ziele mir lues vun engem bis fënnef (oder zéng). Normalerweis fällt d'Ausfaart aus enger Trance soubal d'Nummer 5 (oder 10) ernimmt gëtt.

Et geschitt datt de hypnotiséierte net aus der Trance erausgoe wëll, well zum Beispill, hie fillt sech ganz wuel doranner. Dir sollt da probéieren aus der Trance erëm erauszekommen, a wann dëst net funktionnéiert, loosst déi hypnotiséiert Persoun eleng, just fir ze schlofen. No engem kuerzen Schlof, wäert hatt ausserhalb vun der Trance erwächen.

An der Regel erënnere sech déi hypnotiséiert net un de Verlaf vun der Trance.Dofir fannen se et schwéier ze gleewen datt et wierklech geschitt ass. Wa mir der hypnotiséierter Persoun alles iwwer d'Trance erënnere wëllen, sollt de Kommando fir de Verlaf vun der Trance ze erënneren an Hypnose ausgestallt ginn.

Dëst ass besonnesch wichteg wann Hypnos e Mëttel fir ze léieren ass.

Et geschitt dacks datt déi hypnotiséiert Persoun selwer aus der Trance kënnt. Dëst passéiert wann de Virschlag ze schwéier ass ze verfollegen oder mam Wäertsystem vun der Persoun ze kollidéieren. An esou Situatiounen erënnert déi hypnotiséiert Persoun sech meeschtens un déi lescht Befeeler. Denkt drun wann Dir net wëllt Feinde maachen.

Beispiller fir Techniken fir Hypnose ze induzéieren .

Bernheim Technik

An dësem Kapitel wäert ech hypothetesch Trance Wellenformen a verschiddenen Techniken presentéieren. Ronn Klammern (dëst ass d'Informatioun iwwer d'Behuele vun der hypnotiséierter Persoun) enthält Informatioun iwwer d'Behuele vun der hypnotiséierter Persoun, wärend de Kommentar a véiereckege Klamere gesat gëtt [dëst ass mäi Kommentar zu deem wat geschitt].

Vun elo un wäerte mir zum Wuel vun der Einfachheet dovun ausgoen datt den Numm vum Hypnotist Adam [Ofkierzung A:] ass, an den Numm vum Hypnotiker Henry [Ofkierzung H:].

H: Gitt Iech wuel gemittlech . (Den Adam läit um Réck, de Kapp gehuewe, leet um Késsen, d'Arme biegen um Ielebou bilden en Dräieck mat der Linn vum Torso. Hien huet en zweete Késsen ënner de Knéien, wat d'Knéien e bëssen ophëlt) [dëst ass déi bequemst Positioun a wa méiglech, et lount sech se ze benotzen].

H : Elo leet Dir roueg an Är Gedanken zirkuléieren fräi. Dir sidd roueg a liddereg. Är Gedanke si faul a monoton. Dir fillt Iech waarm a gemittlech. Är Aeeliden si schwéier, si weien Iech ëmmer méi erof .

Dir hutt schwéier Aeeliden an och méi schwéier ... méi schwéier ginn ... Lues Är Ae zou, si ginn zou ... an Är Aen op si ganz schwéier ... ganz, ganz schwéier ... (wa mir den Adam gesinn d'Aen zou maachen) maacht Dir d'Aen zou Är Aen zou.

[Dëst ass déi schlëmmst Bühn fir den Henry, well hie muss dem Adam seng Begeeschterung kontrolléieren, déi duerch en onnatierleche Schlëssel vu senger Stëmm verursaacht gëtt. Dir braucht net mol vu Laachenausbrieche gestéiert ze ginn. No zwee oder dräi Lächerausbréch, de hypnotiséierte "brennt aus" an et gëtt méi einfach].

H: Dir lieft gemittlech, Dir sidd schloofen, Dir wëllt schlofen, Dir wëllt wierklech schlofen, sou vill datt Dir geif ... Dir geif .... Dir ootemt roueg. Elo otemt Dir Zäit mat menge Kommandoen. Op mäi Wuert "INHALEN" huelt Dir e luesen déif Otem a lëft Är Longen eraus bis ech "EXHALE" soen. Dann huelt Dir e laangen, luesen Otem a waart bis ech soen "OUTTEN A".

Mir fänken un. "BREATHE". (Adam hëlt lues d'Loft op) Opgepasst op d'Atmungsempfindungen, denkt drun wat Dir fillt. (Adam ootemt aus) Dir sidd roueg a schloofend, otemt faul. (Adam exhaléiert) [Mir halen hien eng apnea fir eng Zäit, awer net ze laang fir hie rosen ze ginn. Am léifsten 3 bis 5 Sekonnen]. (Den Adam otemt an eraus 5).

H: Elo fillt Dir Iech entspaant a glécklech, Dir sidd verschlof an entspaant. Dir wëllt schlofen.Et war scho laang, datt Dir Iech esou gutt gefillt hutt wéi elo. Är Gedanken wandelen ronderëm ... [hei presentéiere mir Eventer agreabel fir den Adam, iwwer déi mir am Aféierungscoursen erausfonnt hunn, zB aus der leschter Vakanz]. Wëllt Dir schlofen. Är Hänn fillen sech schwéier a waarm, an Dir kënnt eng agreabel Kribbelsensatioun an den Hänn spieren . D'Hänn gi schwéier. Dir schléift lues an. Är Hänn gi méi schwéier an Dir schléift. Dir schléift, awer Dir héiert ëmmer nach meng Stëmm. Et erreecht Iech vu wäitem an. Dir héiert et an Dir schléift. An Är Hänn ginn ëmmer méi schwéier. Är Hand ass sou schwéier datt Dir se net emol liicht hëlt. [Mir ginn dem Adam e Moment fir hie wëllt probéieren, awer net laang genuch fir hien dat ze maachen.] Jo ... also Dir kënnt et net ophuelen, Dir sidd schonn an enger Trance. Dir héiert meng Stëmm a sidd bereet meng Ufroen ze gewähren. Still Är Hänn si schwéier. Elo gëtt de ganze Kierper och schwéier. Dir fillt Äre ganze Kierper an de Canapé ënnerzegoen.

Konzentréiert Iech op dat Gefill. Dir sidd schonn déif geschlof awer Dir héiert meng Stëmm. Nëmme meng. Dir sidd net un anere Stëmmen interesséiert . Dir vergiess se.

Dir héiert mech nëmme, ech. Dir schlooft .... Elo héiert Dir de Sound vum Mier. De Sound vun de Wellen a meng Stëmm. De Sound vun de Wellen a meng Stëmm. De Sound vun de Wellen. Äre Kierper ass liicht, Dir sidd liicht, Dir schwëmmt am Wand. Dir schwëmmt lues iwwer der Plage. Dir sidd an der Loft. Dir schwéngt hin an hier wéi wann Dir e Blat wier an Dir schwieft weider. Dir klëmmt op d'Héicht déi Iech passt. Dir hänkt mam Gesiicht no ënnen an der Loft, an d'Sonn schéngt uewen, wiermt de Réck. Dir schwëmmt am Wand an Dir hält d'Leit Spaass. Dir sidd hell wéi eng Fieder a bewegt Iech an der Loft wéi Dir wëllt. Dir sidd mat Freed an Zefriddenheet gefëllt. Och wann Dir schlooft, kënnt Dir schwätzen. Dir kënnt schwätzen. Sot mir wou Dir sidd. [Wann den Adam net geschwat huet, musst Dir Iech no enger Zäit zréckzéien a probéieren].

A: Ech leien an der Loft iwwer der Plage.

H: Gutt. D'Wieder ass schéin, d'Sonn schéngt, awer sou sanft wéi et ëmmer am Owend ass. Dir leet Iech a lauschtert de Sound vun de Wellen. Een seet eppes nieft Iech. Kënnt Dir hien héieren. Wat seet hien.

[Zu dësem Zäitpunkt, wann den Adam näischt héieren huet, ass et derwäert e Rendez-vous ze hunn dee roueg eppes beim Sonnenënnergang soe géif. Dëst géif dem Adam seng Iwwerzeegung stäerken an hie riichten.]

A: Jo. Si soen iwwer e puer Kleeder déi ...

H: Gutt. A wëllt Dir net op de Sonnenënnergang kucken? Et wäert geschwënn geschéien. Och wann Dir schléift, Äre Kierper ass liicht wéi eng Feder. Dir setzt Iech erof a kuckt iwwer de Wand um Sonnenënnergank. (Den Adam setzt sech awer seng Ae sinn zou). Maacht Är Ae lues op, sou datt d'Sonn ënnergeet Iech net verblennt. Lues, jo. (Den Adam mécht seng Aen op). Ass dat net e schéint Gesiicht?

A: Jo. Herrlech. Super rout an déi Wollek. [Mir erlaben him e Moment vun onselbstänneger Ried].

H: D'Sonn ass ënnergaang an et gëtt kill. Dir musst opstoen an heem goen. Probéiert opstoen, Dir sidd schwéier, awer probéiert opstoen. [Dir kënnt hëllefen opstoen, ophalen]. (Adam stoung op). Komm loosst eis goen. (Mir trëppelen a Kreesser fir eng Zäit). Elo sëtze mir op der Bänk. Mir sinn am Fridden. Mir sinn erëm am Fridden. Sot mir wien gesitt Dir an dësem Raum?

A: Ech gesinn dech, G reg an Ann am Raum.

H: Ech si just am Raum, et ass keen aneren am Raum ausser ech. [Roueg froen mir d'Ann dem Adam eppes ze soen].

Ann: Adam, hutt Dir Matcher mat Iech?

A: (gejaut) Nee! Ëch hun net !

H: Adam, firwat jäizs du?

A: Ech hunn A nn héieren. Si huet gefrot ob ech Matcher hätt.

H: Firwat hues du hatt net einfach geäntwert, du hues just geruff?

A: Gutt ... well ... hatt huet iergendwou vun doheem gefrot.

H: Aha. An Dir wësst net wou de Greg ka sinn? Hie war virun engem Moment hei.

A: Ech weess et net. Ech hunn hien net gesinn.

H: OK. Elo kënnt Dir jiddereen gesinn, awer Dir kënnt d'Miwwelen net gesinn, Dir kënnt d'Miwwelen net gesinn. Kënnt Dir mir soen wat de

Greg an d'Ann maachen?

A: Gutt ... de Greg hänkt an d'An an der Loft, (de Greg ass op der Couch, d'Ann ass um Stull.

H: Kënnt Dir w.e.g. kommen an de G- Reg am Réck krazen. (Den Adam geet iwwer a probéiert op de Greg säi Réck ze gräifen).

A: Ech kann net. Hien huet kee Réck. [Sou paranoid Situatiounen kënnen zu De-Hypnotiséierung féieren .]

H: Dir kënnt d'Miwwele gesinn. Ass de Greg nach an der Rei?

A: Hien huet, awer ech kann en net krazen, well mech vun der Matratz stéiert . Looss hien ëmdréinen.

H: Da firwat sot Dir virdru gëtt et kee Réck?

A: Ech hu gesot ... [Oft gëtt keng Äntwert op sou schwéier Froen. D'Fro gëtt ignoréiert an et ass besser net drop ze insistéieren.]

H: Ma, leet Iech elo a rascht. Rescht. Hutt agreabel Dreem an denkt drun datt Dir fir eng Klapp d'Nummer dräi vergiesst. Wann ech eemol Coursen hunn, vergiesst Dir d'Nummer 3. Wann ech d'Fangere knipsen, erënnert Dir Iech nach eng Kéier. Dir leet roueg an taucht Iech an déi agreabel Sensatiounen aus Ärem Kierper of. Ech zielen an engem Moment op fënnef erof. Wann ech fënnef soen, sidd Dir komplett aus der Hypnose.

ENG - Dir erwäscht lues

ZWEE - Dir sidd ëmmer manner verschlof,

DRÄI - manner a manner verschlof,

FOUR - Dir sidd bal aus der Trance

P IEC - erwächt. (Den Adam ass aus senger Trance. Hie kuckt ronderëm de Raum an ass e bëssen langweileg. Hie probéiert erauszefannen wat geschitt ass).

H: Kanns de dech nach erënneren, wat mer gemaach hunn?

Net. Ech erënnere mech just datt ech géif hypnotiséiert ginn an datt ech mech op dee Canapé niddergelooss hunn. Ech ka mech un näischt anescht erënneren.

H: Dat ass okay. De Greg wäert Iech méi spéit alles erzielen. Ech froe mech wéi séier Dir op 10. ziele kënnt.

A: Okay, een, zwee, dräi, véier .... zéng.

H: (Henry klappt) Probéiert et nach eng Kéier.

A: Een, zwee, um ... véier, fënnef .... zéng. [E puer Leit si mat sou engem posthypnotesche Virschlag hänke bliwwen, an anerer hu keng Probleemer mam Vue vun der virgeschriwwener Zuel].

H: (Hien huet seng Fangere geknipst). Mengt Dir net datt Dir eng vun den Zuelen verpasst hutt?

A: Jo, ech mengen ech hunn ze séier gelueden .

H: Nee, net ze séier. Dir hutt vergiess well ech Iech bestallt hunn dat an der Hypnos ze maachen. Awer Dir wäert net méi falsch sinn. Genuch fir haut.

H: Gitt Iech wuel gemittlech. Maacht elo eng vun Ären Hänn op meng Handfläch. (Den Adam läit um Réck an der uewe beschriwwener Positioun, awer déi lénks Hand ass op der Handfläch Henry. Déi zweet Hand Henry mat der selwechter Hand vun uewen ofgedeckt).

H: Léiwt roueg a looss Är Gedanken ronderëm Saachen dréinen déi Iech agreabel sinn. Dir kritt roueg a verschlof. Dir fokusséiert op d'Reizen, déi vun der lénker Hand un Iech kommen. Opgepasst op déi agreabel Sensatiounen, déi vun Ärer Haut op Är Hand fléissen. Konzentréiert op si a betruecht se (den Adam mécht seng Aen zou). [Mir bleiwe fir eng Zäit onbeweegbar].

H: Elo gëtt Är Hand schwéier a waarm. Är e béid Hänn gi schwéier a waarm. Dir fillt Hëtzt duerchdréckt an Är Hand, agreabel Wäermt. Dir gitt schloofend. Är Hänn si schwéier. Är Hänn si schwéier a waarm an Är Muskele sinn entspaant . D'Hëtzt verbreet sech lues a lues duerch de Kierper. Als éischt ginn Är Been schwéier a waarm, an dann Äre ganze Kierper. Är Been fille schwéier a waarm. Dir fillt Är Been waarm. Wann Dir fillt datt d'Hëtzt an d'Schwéierkraaft iwwer Är Been verbreet sinn, gitt Dir meng Hand. Är Been fille schwéier a waarm (Adam dréckt säin Aarm). Dir hutt schwéier Been. Är Äerm a Been fille schwéier a waarm. Séier fillt Dir Iech all schwéier an Äre Kierper gëtt mat interner Hëtzt gefëllt. Awer Är lénks Hand ass déi schwéierst elo. Deng lénks Hand ass déi schwéierst [Zu dësem Zäitpunkt drécke mir dem Adam seng Hand vun uewen erof fir d'Gefill vun der Schwéierkraaft ze erhéijen]. Dir hutt eng ganz schwéier lénks Hand. Awer geschwënn. Et gëtt séier méi liicht. Oh ... ech mengen et gëtt méi liicht . [Mir erliichteren den Drock op dem Adam seng Hand.] Deng lénks Hand gëtt ëmmer méi hell. Et ass sou hell datt et direkt ufänkt ze schwammen, et fänkt un ze schwammen. Dir hutt eng liicht Hand an et klëmmt liicht op a réckelt op Är Stir. Wat Dir méi no beim Zil sidd an der déifer Hypnose wäert Dir sinn. Dir hutt eng liicht Hand an et schwëmmt just ronderëm (H: hien hëlt seng Hand vum Adam senger Hand, awer ganz glat sou datt den Adam et net mierkt). Är Hand klëmmt an Dir gitt an ëmmer méi déif Hypnos. Nëmme meng Stëmm erreecht Iech lues . Dir hält op anerer ze héieren. An Är Hand réckelt ëmmer méi héich. (Dem Adam seng Hand klëmmt liicht erop) [mir widderhuelen de Virschlag iwwer d'Liichtkeet vun der Hand e puermol, interléiere se mat Allusiounen iwwer eng méi déif a méi déif Trance z'erreechen, bis den Adam seng Hand héich genuch hieft datt hie säin Ielebou opstoe muss]. Är ganz Hand ass sou hell wéi eng Feder an schwëmmt ustrengend an der Loft. (Adam hëlt en Ielebou op.) Elo geet Är Hand op Är Stir an Dir héiert nëmme mir, nëmme meng Stëmm erreecht Iech. Är Hand geet op Är Stir an ass schonn driwwer . Soubal Är Hand op der Stir steet, héiert Dir mech just. Dir gitt méi schloof. Dir hutt Är Hand iwwer der Stir an et fällt lues drop. Är Hand fällt iwwer Är Stir. Dir héiert nëmme mir, nëmme mech, nëmmen ech, nëmmen ech ... (eng Hand ass op meng Stir gefall). Elo sidd Dir an enger déiwer Trance a kënnt souguer schwätzen. Dir kënnt schwätzen. Probéiert "Ala" ze soen. (D'Muskele ronderëm de Mond beweege sech, awer den Adam seet näischt). Gitt vir. Dir kënnt soen . Wann ech Iech soen datt Dir schwätzt, kënnt Dir soen.

A: A alaa.

H: Ganz gutt. Elo kënnt Dir meng Froen äntweren.

H: Komme mer zréck an d'Zäit. Hien ësst just säin éischten Dag vun der Schoul. Dir sidd siwen a gitt fir d'éischt an d'Schoul. Sot wat Dir fillt.

A: Ech si ganz erwuesse well ech ginn schonn an d'Schoul . An d'Ancia wa se an d'Schoul geet, wäert ech am zweete Schouljoer sinn, well ech méi al si wéi hatt. Mamm sot mir, mam Jacek séier an de Cours ze kommen, well da sëtze mir zesummen a si gutt. Mir wäerte fäeg sinn Aufgaben ze maachen an zesummen ze léieren ...

H: Sot mir wéi d'Wieder ass, schéngt d'Sonn.

A: Et reent, awer ech hunn eng Jackett mat enger Kaputz a meng Mamm huet en Dach, de Reen schued eis net.

H: Gutt. Elo gi mir zréck an eis Zäit. Leet Iech eng Zäit laang no an denkt un eppes agreabel [H: gitt Iech Zäit fir ze raschten].

H: Elo kënnt Dir Är Ae opmaache wann Dir wëllt. Probéiert Är Aen opzemaachen. (Den Adam réckelt seng Aeeliden). Maach deng Aaen op. Dir kënnt am Ufank duerch en Niwwel gesinn, awer dee wäert séier passéieren. (Den Adam huet seng Aen opgemaach). [Den Adam ass schonn an der déiwer Hypnose a ka maache wat e wëll . Aus der Hypnose erausgeet d'selwecht wéi an der Bernheim Technik].

EYE FIXATION TECHNIK

H: leet Iech bequem. (Den Adam läit bequem, a mir halen e glänzende Pendel virun sengen Aen, ongeféier 30 cm ewech).

H: Kuckt d'Schwéngung.Kuckt d' Schwéngung déi ganzen Zäit. Huelt Är Aen net vun him. Dir musst Är Aen ëmmer op de Pendel halen, och wann Är Ae fänken ze verletzen. Dir denkt just drun an dee Pendel ze kucken. An engem Moment fänken Är Aen un ze jucken, awer Dir fuert weider an de Pendel. Är Ae wäerte séier jucken. (Wa mir mierken datt dem Adam seng Aen zécken.) Si jucken scho, si sinn amgaang Iech ze baken. Är Ae wäerte stiechen, an Dir bleiwt weider an den zécken Zännstaang. Är Ae wäerte séier stiechen (Adam blénkt). Är Ae brennen scho , awer Dir stierft nach ëmmer intensiv an de Pendel. Är Ae brennen. Si fänken an engem Moment un ze Waasser. Wann Dir mengt datt Är Aen ufänken ze Waasser ginn, da maacht Dir se zou. Är Ae fänken un ze Waasser an Dir denkt nach ëmmer drun ze kucken an de Pendel. Dir kuckt op an erof, awer maacht Är Aen zou wann se ufänken ze Waasser oder ze stiechen. (Den Adam mécht seng Aen zou, den Henry leet seng Hand op säi Kapp sou datt säin Daum de Mëttelpunkt vu senger Stir liicht dréckt) .

H: Är Ae sinn zou an Dir maacht se net op. Ouni Är Aen opzemaachen, " kuckt op" déi Plaz, op déi ech drécken. Dir kuckt ëmmer op de Punkt vun Ärer Stir, déi ech mat mengem Fanger beréieren, awer Är Ae sinn zou. Dir kuckt op dëser Plaz an Dir fillt Iech roueg, denkt net un eppes , lues entspaant Äre Kierper. Dir sidd roueg a schloofend, Dir sicht stänneg de Punkt op Ärer Stir, och wann Är Ae schmerzen. Är Ae si schmerzhaft, awer de Rescht vun Ärem Kierper ass schloofend a schlappeg. Dir sidd schloofend, schloofend. Dir fillt Iech geschlof, Bar. dzo Dir wëllt schlofen, Äre ganze Kierper ass schwéier, Dir sidd verschlof.

H : Esou komesch wéi et Iech ka virkommen, sidd Dir schonn an enger liichter Trance. Elo wäert ech meng Hand vun Ärer Stir huelen. (Den Henry zitt seng Hand zréck). Dir sidd verschlof. Dir otemt roueg. Stellt Iech vir datt all d' Wierder ronderëm Iech blo sinn. Dir sidd vun engem erfrëschende bloe Liicht ëmginn . Vläicht richt Dir och nach e flotte Pinien-Doft. Dir sidd roueg, verschlof an entspaant. Dir sidd vun engem bloe Liichtebengel ëmginn. Dir hëlt Loft an Är Longen an Dir otemt déi blo Loft. Dir gesitt Iech selwer wéi wann Dir niewent engem Spigel géif leien. Dir sidd transparent an Dir kënnt gesinn, wéi Dir Loft anhuelt, blo sech iwwer Är Longen ausbreed. Dir otemt déi erfrëschend blo Loft an et verbreet sech a fëllt Är Longen. Et verbreet sech iwwer Äre ganze Kierper mat all Inhalatioun . Dir gesitt wéi lues Äert Blutt blo gëtt a sech dëst Blo iwwer Äre Kierper verbreet. Dir sidd verschlof, roueg a ganz agreabel. A mat all Inhalatioun fëllt blo méi a méi Volumen an Ärem Kierper. Dir gitt ëmmer méi entspaant. De Fridde kënnt mat atemberaubende Blo. Dir sidd an enger ëmmer méi déifer Trance.

H: Wann déi blo Äre ganze Kierper ofdeckt, da wäert Dir den Daum vun Ärer rietser Hand liicht ophiewen. Atemt d' Loft an a loosst de Bloen Iech fëllen. (Den Adam otemt roueg an den Henry passt op seng Hand a mécht heiansdo Virschléi fir Schlof, Entspanung, an an en déiwer Niveau vun der Hypnose ze goen.)

(Den Adam huet den Daum opgehuewen).

H: Elo kënnt Dir meng Instruktioune befollegen. Denkt drun datt all Kommando dat Dir ausfëllt Är Hypnose verdéiwe wäert, a wann Dir net fäeg sinn e Kommando auszeféieren, ass et an der Rei. Maacht Iech keng Suergen doriwwer. Mir probéieren eng aner Kéier an da wäerte mir definitiv Erfolleg hunn.

H: Dir wäert fäeg sinn ze schwätzen ouni Är Trance ze verloossen. Dir kënnt schwätzen. Sot mir Ären Numm.

A: Adam.

H: Ganz gutt. Denkt drun datt meng Bestellung no kënnt Är Méiglechkeeten erop.

[Zu dësem Zäitpunkt ass et derwäert e puer einfach folgend Befehle auszeginn fir de Selbstvertraue vun de hypnotiséierten ze stäerken. Da kënnt Dir op méi schwéier awer spektakulär Befehle weidergoen].

H: Ganz gutt. Komme mer elo zréck op de Moment . Elo kënnt Dir Är Aen opmaachen. Dir kënnt Är Ae opmaachen. Probéiert Är Aen opzemaachen. (Den Adam huet seng Aen opgemaach).

A: Wat, wat war geschitt? Ech erënnere mech ... aaa ech war hypnotiséiert ....

[Den Adam huet mat der Hypnose opgehalen, well hien den Uerder fir seng Aen opzemaachen als den Uerder fir d'Hypnose ze verloossen . Mat sou Befehle muss ee sech un déi fréier Reservatioun erënneren, datt d'Hypnose weidergeet].

ZEENTECHNIK

Et ass eng ganz schaarf an dynamesch Technik. Den Hypnotist ass déi absolut Autoritéit déi iwwer Bestellung Uerder gëtt . An dëser Technik ass dat Wichtegst eng Grupp vu Leit oder eng Persoun ze wielen déi d'Charakteristiken huet déi et erlaben ganz einfach mat der Technik an eng Trance ze kommen, well entweder d'Persoun direkt beherrscht oder d'Persoun fällt. Et ass och déi spektakulärst a spektakulärst Method fir eng Trance ze induzéieren.

(Den Henry setzt déi gewielte Persoun, loosst eis unhuelen datt säin Numm Adam ass, op engem Stull).

H: Ech hunn Iech heihinner invitéiert fir datt Dir meng Commanden nogoe kënnt. Dir braucht keng Angscht virun hinnen ze hunn, well se wäerte net schwéier sinn, an och se ze maachen bréngt Iech net a Gefor. Ech denken, wann Dir mam Experiment averstan sidd, wäert Dir mat mir kooperéieren. Mäi Kommando wäert Äert Kommando sinn.

H: Ech halen en Element a menger Hand. De Moment wou ech Iech et weisen, wäert Dir Äert Geescht zoumaachen a fänkt u mäi Wëllen ofzeginn. Är Augenlidder ginn zou an Dir kënnt se net opmaachen. (Den Henry mécht seng Hand op a weist den Objet deen hien hält. Den Adam mécht seng Aen zou).

H: Dir kënnt Är Aen net opmaachen. Dir denkt, wann Dir wëllt, kënnt Dir se opmaachen , awer Dir wëllt et net, an dat ass et. (Adam laacht).

H: Är Ae bleiwen zou. Dir gitt schlapp. Dir sidd ganz schwéier. Dir kënnt keng Muskele bewegen. Dir sidd all inert. Dir sidd u mengem Wëllen ënnerworf. Dir wäert fäeg sinn all meng Commanden ze verfollegen .

H: Dir kënnt schwätzen. Sot mir Ären Numm.

A: Ech heeschen Adam.

H: Sot mir wéi al Dir sidd a wou Dir wunnt.

A: Ech sinn 20 Joer al an ech liewen an der Stad.

H: Elo wäert Dir Iech konzentréieren op dat wat Dir héiert. Dir wäert et gutt erënneren an et widderhuelen wann et Iech seet. (Den Henry freet een am Raum fir 30 Wierder opzeschreiwen. Da liest hie lues déi éischt 10 Wierder).

H: Widderhuelen wat ech gelies hunn. Den Adam widderhëlt d'Wierder déi hie gelies huet, awer an enger anerer Reiefolleg. Elo liesen ech Iech e puer Wierder déi Dir mir an der selwechter Reiefolleg gitt. Dir hutt e klore Geescht an en absorbéierend Gedächtnis elo. Also lauschtert gutt no. Dir sidd prett?

A: Jo, ech si prett. (Den Henry huet d'Sequenz vu Wierder gelies an den Adam huet se ouni Feeler widderholl).

H: Ganz gutt. Dir sidd nach ëmmer ënner Hypnose, awer Dir kënnt Är Aen opmaachen. Maach deng Aaen op.

H: Kuckt, Äre Lycéessproff kënnt op eis zou. Moien soen him. (Den Adam gëtt vu sengem Frënd ugeschwat).

A: Gudde Moien Professer.

J: Salut Adam. Dir sidd net gutt op d' Schluecht virbereet . Dir hutt dräi. Dir sollt besser fir d'nächst Kéier studéieren.

A: Ech hu laang studéiert.

J: (Verloosse). Anscheinend hutt Dir et net ze systematesch gemaach.

H: Wien war dat?

A: Mäin Enseignant aus Däitsch. Hie pléckt ëmmer op mech.

H: Gutt datt hie scho fort ass. Loosst eis probéieren opstoen. Dir sidd nach ëmmer ënner Hypnose, awer Dir kënnt opstoen. Dir kënnt opstoen.

Sto op. (Den Henry schützt den Adam wéi hie opstinn. Den Adam steet). Erhieft elo déi lénks Hand. Méi héich. Méi héich. Oh jo. Gutt. (Dem Adam seng Hand Maacht e richtege Wénkel mam ënneschte Been. Den Henry rullt d'Hülse vum Adamshemd op).

H: Ech nummen deng Hand. An engem Moment, fir eng kuerz Zäit, fillt Dir näischt an Ärer lénkser Hand. Wann ech op dräi zielen, fillt Dir Är lénks Hand net méi. Een zwee dräi. Dir fillt näischt an Ärer lénkser Hand. Den Henry leet dem Adam säin Ënneraarm Äis. Den Adam reagéiert net).

H: Ganz gutt. Dir sidd an déiwer Hypnose an Dir befollegt meng Befehle. Elo zielen ech vun dräi op een erof an Dir fillt erëm dräi-zwee-een an där Hand. Wann Är Hand kal ass, da brécht d'Äis. (Den Adam klappt Äis vun der Hand a reift säi Ënneraarm fir et waarm ze halen).

H: Elo erënnert Iech un d'Wierder, déi ech Iech am Ufank erënnert hunn. Erënnert Dir Iech un hinnen?

A: Ech erënnere mech esou.

H: Da widderhuelen se se an der selwechter Reiefolleg wéi se gelies goufen. (An d' Madame erstallt d'Sequenz vu Wierder aus der Erënnerung. Den Henry weist engem vun de Betrachter dat Stéck Pabeier op deem d'Sequenz geschriwwe gouf).

H: (Zum Zuschauer). Ass et richteg.

Zuschauer: Jo, perfekt.

H: Bravo Adam. Ech mengen dat geet duer. Léit Iech elo an erënnert Iech datt wann Dir gefrot sidd wéi al Dir sidd, musst Dir fënnef äntweren. Wann Dir d'Fro "Alter?" Héiert, äntwert Dir "fënnef Joer al".

Dir beäntwert dës Fro weider bis Dir de Raum verléisst. Wann Dir de Raum verléisst, gëlt dës Instruktioun net fir Iech. Dir wäert Äre richtege Kommando och net realiséieren nodeems Dir Hypnose verléisst, awer an Ärem Ënnerbewosstsinn erënnert Dir Iech. Wann "Alter" gefrot gëtt, äntwert Dir "fënnef Joer al". Elo zielen ech vun dräi op een erof. Wann ech een ausdrécken - Dir wäert aus der Hypnose erauskommen: Dräi-zwee-eent. Enn vun der Hypnose. (Den Adam kënnt aus der Trance). (No kuerzer Zäit rufft den Henry den Adam un a seet him datt hien hie gären an d'Statistike vu Leit abauen déi Hypnose gemaach hunn. Duerfir freet hien hien d'Daten op d'Form anzeginn. Wann hien d'Donnéeë gitt, stellt hien dem Adam d'Fro "Alter ?" Wann de posthypnotesche Virschlag erfollegräich ass, äntwert den Adam "fënnef Joer al."

HYPNOSIS bei Gebuertsdeeg

Um Ufank vun dësem Kapitel wëll ech drop hiweisen datt ech Orientéierung doranner ginn hunn fir d'Wahrscheinlechkeet vum kompletten Erfolleg ze erhéijen. Leit, déi et ze schwéier fannen se ze léieren, oder déi Fäegkeeten erfuerderen, déi se net hunn, solle sech net doriwwer Suergen maachen.

Schlussendlech kënnt Dir op d'Element goen: huelt eng zoufälleg Persoun, benotzt Är Liiblingstechnik an hofft op Erfolleg. A wann net, da huele mir déi nächst Persoun an déi nächst. Tatsächlech ass d'Wahrscheinlechkeet vun engem kompletten Ausfall an sou enger Situatioun kleng, awer et gëtt och keng grouss Chance fir eng déif Trance an der hypnotiséierter ze kréien. Awer loosst eis op de Punkt kommen. Déi meescht üblech Ursaach fir op enger Party hypnotiséiert ze ginn ass Är Frënn z'ënnerhalen oder se ze beandrocken.

Et ass och e gudde Wee fir eng nei Frëndin oder Frënd ze treffen - Dir kënnt hien oder hatt fir Hypnos wielen. Wann hatt net d'accord wier, wier et an der Rei. Dir kënnt e Rendez-vous fir eng aner Kéier maachen.

Fir déi uewe genannten Ziler z'erreechen, ass et derwäert Är Handlungen virsiichteg ze plangen an u gewësse Reegelen ze halen. Soss kënne mir dat kontraproduktivt Zil erreechen.

Wat net ze maachen ass um Enn vun dësem Kapitel opgezielt. Loosst eis elo mat der technescher Säit vum "Projet" ëmgoen.

Virun allem: eng gutt Wiel vun Zäit.

Zäitauswiel.

Ech gleewen datt et am beschten ass eng Sessioun unzefänken wann déi meescht Leit midd sinn ze danzen an decidéieren eng Zäit ze raschten. Eng Sessioun am Ufank vun der Party ze starten kann der hypnotiséierter Persoun weider Spaass verwinnen, well vill Leit no Schlofhypnose spieren. Zousätzlech kann et de Rescht vun der Partei decouragéieren, déi heihinner komme fir ze danzen anstatt "domm" ze kucken.

Dir kënnt d'Screening net bis zum Enn vum Event verréckelen, well d'Leit ze midd sinn a si wësse net wat Är Optiounen déi ganzen Zäit sinn, an dëst ass en evidente Verloscht. Fir dës Ufuerderungen iergendwéi mateneen ofzestëmmen, ass et derwäert, op sou en Event mat engem Frënd ze goen, deen iwwregens am Ufank vum Spill iwwer Är Fäegkeete schwätzt . Normalerweis ginn et vill bereet et direkt ze kontrolléieren. Awer net opginn. Maacht Iech als bescheiden a gitt mat alle Mëttelen dervun. Am schlëmmste Fall, sot datt Dir eng Sitzung maache wa se midd gi vu Spaass ze hunn, a grad elo wëllt Dir danzen.

Wann Dir dësen Trick net benotze musst an d'Insistenz ophält, ass alles um Wee zum Erfolleg. Dir hutt schonn Interesse fir Iech selwer erwächt an elo wäerte vill Ae mat Virwëtz op Iech kucken .

A wann Dir decidéiert datt d'Zäit komm ass fir ze hypnotiséieren, da fannt Dir dat OK, datt Dir Iech iwwerzeege léisst, an ... Dir fänkt un. Ech géif d'Stonnen vu Mëtternuecht bis 1 virschloen, wann d'Partei bis de Moie sollt daueren, an ëm 23 Auer wann et bis Mëtternuecht dauert.

Perséinlech Auswiel .

Fir déi richteg Persoun fir Hypnose ze wielen, musst Dir entweder d'Firma gutt kennen, oder e gudde Look hunn, an dann e puer Leit testen. Déi Zort Test ass u Iech, wielt deen deen am Beschten passt.

Natierlech, wann Dir besonnesch un een interesséiert sidd, wielt dës

Persoun fir den Test. Probéiert ni géint Äert Geescht ze handelen a vernoléissegt en Test ze maachen. Et ass besser fir deen, deen Iech interesséiert, e Spectateur vun enger erfollegräicher Show ze sinn, wéi un enger gescheiterter matzemaachen.

D'Wiel vun der Persoun hänkt och vun der Technik of, déi Dir benotze wëllt. Wann et eng Bühnentechnik wäert sinn, musst Dir eng expressiv Persoun fannen déi gär den Zentrum vun der Opmierksamkeet ass. Wéi kann een hatt kennen? Normalerweis ass et eng Persoun déi extrem lëschteg ass, sech haart verhält, ganz dacks sou genannt d'Séil vu Begleedung . An aner Techniken ass d'Fräiheet vu Wiel vill méi grouss. Somnambuliste kënne gewielt ginn déi ganz hypnotesch sinn. Si kënnen nëmme festgestallt ginn nodeems se gefrot hunn wéi ze schlofen. Somnambuliste schlofen fest, waakreg hu Probleemer an d' Realitéit ze kommen, schwätzen oder jäizen am Schlof, an heiansdo Schlofwanderung.

Wiel vu Method.

Et hänkt virun allem dovun of wéi ee mënschlecht "Material" Dir zur Verfügung hutt, dh Dir musst bestëmmen wéi eng vun den hypnotiséierende Methode fir all Persoun am Beschten ass. Nëmmen da kënnt Dir bestëmmen ob Är Liiblingsmethod ka benotzt ginn. A wann Dir Iech wuel fillt an all hypnotiséierender Technik, kënnt Dir Wann se d'Hypnotiséierung vun Ufank u kucke wëllen, ech roden Iech d' Bühnentechnik ze benotzen - wann et méiglech ass (et gëtt eng passend Persoun dofir).

Andeems Dir aner Technike benotzt, musst Dir dat faszinéiert an d'Zuschauer gelaacht bekämpfen, an dëst ass eng ganz schwéier Aufgab. Ausserdeem distanzéieren d'Zuschauer déi hypnotiséiert. Natierlech kann dëst vermeit ginn andeems d'Persoun privat privat hypnotiséiert gëtt an d'Publikum eran léisst wann hien schonn an enger Trance ass, awer et verwinnt op d'mannst d'Halschent vum Spaass.

Wéi och ëmmer, wann Dir décidéiert hutt eng Technik wéi Bernheim ze benotzen, maacht Iech keng Suergen iwwer een deen laacht oder eppes Dommes seet. No e puer Laachen a Giggles wäerte se sech berouegen. Dir kënnt einfach keen iergendeen Iech froen oder déi hypnotiséiert Persoun Froen. Et muss gesot ginn datt et keen Input gëtt wéi "Oh ... wat maacht Dir, Henry?" Hypnotiséiert Dir den Adam? Kommt, sidd Dir daaf? ... Adam, wat maacht Dir? " oder eppes ähnleches.

Sou Froen kënnen all Är Efforte bis elo verwinnt.

Wéi kréien d'show.

Fir datt Är Kollegen dech bewonnere mussen, musst Dir se net nëmmen iwwerzeegen , awer och eng gutt Zäit maachen. Fir dëst z'erreechen, musst Dir se emotional am Spaass bedeelegen. Denkt drun datt kuerzen, akuten Stress oder Angscht mécht Iech ze laachen an ze entspanen. Wann Dir et net gleeft, kuckt op d'Situatiounen an deenen d'Leit am meeschte laachen - z.B. bei engem Fall, op en dommen Witz, asw. Dëst sinn dacks Situatiounen déi Péng verursaachen an dofir gëtt se duerch Laachen entlooss. Dofir, andeems Dir temporär Spannungen accuméiert, an se dann eliminéiert hutt, hält Dir Opmierksamkeet op Är " Presentatioun" a verbessert d'Stëmmung vun der Firma.

Mat der Bühnentechnik kënnt Dir sécher sinn, wéi an enger Bank, datt Är Kollegen de Spektakel mat hirem ganze Wiesen absorbéieren an doduerch datt Dir se an Ärer Hand hutt. All schwierege Kommando kreéiert eng Spannung wéi ob se se ausféiert oder net. All erfollegräich Ausféierung vum Kommando verursaacht d'Angscht ze verschwannen an e Läch. Déiselwecht Reaktioun gëtt duerch eng geféierlech Situatioun ausgeléist. D'Bühnenhypnotiker benotzen dëst sou datt se déi hypnotiséiert Persoun net nidderleeën, awer d'Hypnose beim Stoe starten an der hypnotiséierter Persoun hëllefen, sou datt wann hien an eng Trance kënnt an op de Buedem fällt, et lues a schmerzlos ass.

Wéi och ëmmer, bei den Zuschauer entsteet schonn eng ängschtlech Situatioun: "Opmierksamkeet fällt!" A beim Abléck vun der Hypnotistin hir Waachsamkeet verflitt se. Ausserdeem baut et Vertrauen an hien.

An all dës Aspekter déi Dir benotze musst, och wann Dir d'Planzung vun enger Persoun op de Buedem géif beroden, z.

Fir méi groussen Effekt, ass et besser en anert Këssen an der Reechwäit ze hunn a wann Dir fällt (awer nëmmen dann) ënner de hypnotiséierte Mënsch säi Réck. Dëst ass de Fall mat Bühnentechnik.

Dir kënnt am Fong mat aneren Techniken weisen nëmmen nodeems Dir een hypnotiséiert. Zousätzlech kënnen dës Techniken ironesch sinn, wat net ass wat Dir mengt. Awer et ginn och Virdeeler fir dës Techniken. Si si méi waarm a wann Dir wëllt datt een zu aneren, méi Shows iwwerzeegt gëtt, ass et méi einfach dës Techniken z'erreechen, well d'Bühnetechnik kann Angscht maachen.

Wann déi hypnotiséiert Persoun an enger Trance ass, egal wéi eng Method Dir benotzt hutt, ass et derwäert déi folgend Schrëtt ze maachen fir se spektakulär ze maachen:

An enger liichter Trance.

- placéiert Ären Aarm an der Loft an enger onbequemer Positioun a loosst et do. Zum Beispill an engem Wénkel vu 45 Grad zum Buedem an zousätzlech mat der Ophiewe vun engem relativ schwéieren Objet. No e puer Minutten wäerten d'Zuschauer feststellen datt d'Hand an der selwechter Positioun bleift, wat normalerweis anormal ass a ganz schwéier ouni Zeeche vu Middegkeet ze maachen.

An enger mëttlerer Trance.

- e "Transfert an der Zäit" ze verursaachen. Déi hypnotiséierter Persoun gëtt virgeschloen datt hie 15, 10 oder souguer méi jonk ass. Et ass am beschten op e wichtegt oder interessant Event aus der Vergaangenheet ze bezéien. Wann déi hypnotiséiert Persoun iergendwou mat aneren an der Partei gaang ass an eppes do geschitt ass wéi Dir Iech laang erënnert, lount et sech dës Period ze bezeechnen. Zum Beispill hunn ech eemol e Klassekomerod a Präsenz vun aneren hypnotiséiert.Ech hunn dunn op eng Rees op d'Mier verwisen, wou mir als Kellner an engem Vakanzenresort geschafft hunn. mir sinn an dësem Zentrum, hie war hypnotiséiert mat senge Been, déi geschoss hunn, wat duerch de Fakt verursaacht gouf, datt hien enges Daags mat waarmem Waasser aus engem Buedmantel an dësem Zentrum vun engem Kach, deen de Buedem gewäsch huet, geduscht gouf.

Sou eng gewalteg Reaktioun huet en entspriechenden Androck op déi aner Kollegen gemaach.

-fir e posthypnotesche Virschlag anzeféieren. Seng Leeschtung nom Trance verloossen mécht e groussen Androck. Et kann en Uerder sinn all Nummer oder Numm ze vergiessen, zB vun engem hypnotiséierte Meedchen , oder en Uerder fir all Handlung ze maachen déi zu enger bestëmmter Zäit net gebraucht gëtt.

- sot dem Hypnotist datt hie vun enger Moustique attackéiert gëtt oder datt hien eng Wesp an den Hoer huet.

An enger déiwer Trance.

- hunn d'Glühbär an d'Botter geschrauft.

- bestellt d'Gesang vun enger Hymn soubal d'Musek zu där Hym ufänkt ze spillen (tatsächlech spillt eng aner Melodie).

- bestellt d'Meedercher oder d'Miwwelen asw net ze gesinn, a benotzt se fir eng witzeg Situatioun ze schafen.

- sot der hypnotiséierter Persoun datt hien alleng am Raum ass an datt e schéint Meedchen amgaang ass an de Raum eranzekommen (passt de Canon vun der hypnotiséierter Schéinheet op, wann Dir et wësst). Amplaz vun engem Meedchen kënnt e Jong an de Raum a provozéiert eis Delinquent opzehuelen. Déi hypnotiséierter Persoun soll wéi zum Meedchen reagéieren an d'Erausfuerderung unhuelen.

- weist d'Erënnerung un déi hypnotiséiert (gitt him all Säit vun der Zeitung fir ze liesen a maach et aus dem Gedächtnis ze widderhuelen).

- Wann hien eng Kéier eng Friemsprooch geléiert huet an hie sech elo net erënnert, gitt zréck op dës Zäit a frot hien sech an dëser Sprooch auszedrécken. - sot him datt Zitroune sauer Zocker ass a gitt him e bëssen z'iessen.

Wat soll net gemaach ginn.

- Dir däerft net conceitéiert sinn, awer léif a léif.

- Komproméss net déi hypnotiséiert (z. B. vu Beicht,

  undoen, asw.).

- Gitt de hypnotiséierte net lächerlech. Erënnerungen am Kapp datt et SITUATIOUN

  et ass gemengt FUNNY ze sinn, net HYPNOTISERT.

- Nët humiliéieren (bellen, ënner den Dësch trëppelen).

- Belaascht Är kierperlech Kraaft net andeems Dir ze laang dréckt

  Kraaft Demonstratiounen vun der Hypnotiséierter Ausdauer.

- Schued de Kierper net duerch Manifestatiounen ouni schmerzhafte Brennen,

  stiechen an all Wonne veruersaachen, déi duerno kënne schueden

  aus der Hypnose erauskommen, asw.

- Gitt net opgeregt datt eppes net funktionnéiert. Och wann näischt geschitt ass

  ausfalen, Dir kënnt d'Zuschauer ëmmer dofir virwerfen

  ganz beonrouegend .

- Huelt d'Sendung net ze eescht well et d'Stëmmung verwinnt.

LÉIEREN AN HYPNOSIS A SELFHIPNOSE

Virdeeler vum Léieren an der Hypnose.

Hypnose ass e Staat an deem d'Wëssenschaft, besonnesch déi sougenannt Erënnerung gëtt ganz gutt vum Léier absorbéiert. Et gouf gesot datt eng hypnotiséiert Persoun sech vun 120 op 500 erënnere kann! Wierder aus enger Friemsprooch an enger Stonn Léieren. Et hänkt vum Grad vun der Hypnos of an der Fäegkeet vum Schüler. Firwat geschitt dat? Dëst ass méiglecherweis aus zwee Grënn:

- éischtens, déi hypnotiséierter Persoun fokusséiert seng Opmierksamkeet op wat hie mécht, an dëst huet e groussen Impakt op de Memoriséierungsprozess.

- Zweetens, Hypnose aktivéiert fir eis onbekannt mental Reserven, déi als iwwernatierlech ugesi kënne ginn, an déi sech a phänomenaler Erënnerung manifestéieren . Dëst Gedächtnis ass sou gutt datt et Iech erlaabt Detailer vun de vergaangenen Eventer ze erënneren déi Dir Iech guer net erënnert hutt. Et mécht et och méiglech genau ze erënneren wat bestallt gëtt, dh wat mir léieren.

Ausserdeem ass Léieren ënner Hypnose net belaaschtend wéinst dem Manktem u Sënn vum Passage vun der Zäit. Wärend dëser Zäit denkt Dir net un aner "méi interessant" Aktivitéiten, déi gemaach kéinte ginn anstatt "Zäit ze verléieren" um Léieren.

Wa mir dat schlëmmst Resultat unhuelen, dh 120 Wierder pro Stonn an eng zwou Stonne Sessioun (inklusiv eng Stonn Studie, an déi reschtlech Zäit fir Hypnotiséierung an Entspanung), kënne mir 3.000 Wierder a 25 Deeg léieren (et gëtt ugeholl datt Dir 3.000 Wierder wësse sollt. fir eng Friemsprooch korrekt kënnen ze benotzen). Also theoretesch kënne mir bannent 25 Deeg eng Friemsprooch léieren. Theoretesch, well fir et richteg ze benotzen, braucht Dir nach ëmmer e Gespréich an dëser Sprooch an eng intuitiv Benotzung vu Grammaire Regelen. Wéi och ëmmer, de Basisprobleem ass net de richtege Betrag u Wierder ze kennen, an d'Hypnos léist dëse Problem.

Ech wéilt och drop hiweisen datt Dir scho mat liicht Hypnose léiere kënnt, obwuel Dir net sou gutt Resultater kritt wéi an déiwer Trance. Haaptsächlech well d'Leit meeschtens visuell anstatt héieren Erënnerung hunn. A liichter Hypnose héiert et nëmmen, an an déiwer Hypnose kënnt Dir lauschteren a liesen.

D'Fro stellt sech: wann dëst sou eng effektiv Method ass, firwat gëtt se net vill benotzt?

Gutt, et gi vill Grënn:

- wou een Hypnotist-Enseignant ze fannen, besonnesch e

Sproochenseignant, well déi meescht Hypnotiser Dokteren sinn, an et sinn der net vill;

- a wéi enger Schoul Dir sech traut esou e Wee fir eng Sprooch ze léieren anzeféieren an enger Situatioun wou Hypnose mat de Scharlatanismus vun de meeschte Leit verbonnen ass;

-an géift Dir Iech trauen esou e Sproochecours ze maachen? Wat méi datt et net gratis wier. Géift Dir net léiwer en traditionelle Cours maachen an net riskéieren?

Glécklecherweis kënnt Dir Hypnos mat enger Grupp vu Kollegen léieren, oder alleng wann Dir Selbsthypnos léiert. Ech géif léiwer recommandéiere mat zwee oder dräi Persounen eens ze ginn, fir sech géigesäiteg der Hypnos virzestellen an der hypnotiséierter Persoun ze léieren.

Zesummefaassend ass Léieren ënner Hypnose nëtzlech well:

- d' Léiermaterial gëtt ganz séier erënnert .

- et bleift laang an der Erënnerung, et gëtt net vergiess.

- midd net geeschteg vun der Monotonie vun der Wëssenschaft.

Autohypnose.

Selbstinduzéiert Hypnose gëtt als Selbsthypnos bezeechent.

Selbsthypnose trëtt nëmmen op wann déi hypnotiséiert Persoun an eng Trance kënnt ouni de Virschlag vun enger anerer Persoun. An enger Situatioun wou déi hypnotiséiert Persoun an eng Trance gesat gëtt als Resultat vum Tape mat der Stëmm vum Hypnotist gespillt, hu mir et eigentlech mat indirekter Hypnos ze dinn, net mat Selbsthypnos.

Selbsthypnose tritt ganz dacks spontan op, awer de Contrôle vu sengem Kurs ass ganz schwéier a erfuerdert Bewegung. Et ass bal sou schwéier wéi Är eege Dreem ze kontrolléieren.

Wéini erschéngt Selbsthypnos eleng? Et ass eng gemeinsam Leidenschaft vu Piloten a Laangstreckefuerer . Et geet dacks virun de sougenannten um Rad schlofen, awer et ass keng Regel. Wann Dir dacks laang ouni Rescht fiert, hutt Dir vläicht gemierkt datt Dir heiansdo "op Autopilot" gefuer sidd, wéi ee vu menge Kollegen et ausgedréckt huet. Dëse Staat zeechent sech doduerch aus datt mir eis no der Verloossung bewosst sinn datt mir erënnere eis ganz vill wat virun engem Moment op der Strooss geschitt ass, oder datt mir de Verlaf vun der Zäit net spieren, mir hunn eis net gelangweilt mam Fueren ze fueren. En Auto an esou engem Zoustand féieren ass sou geféierlech datt mir kënne schlofen - ausserdeem huet de Chauffeur voll Kontroll iwwer d'Verkéierssituatioun, och wann et "Aus".

Situatiounen an deenen d'Selbsthypnose vu sech selwer geschitt, proposéiere wéi eng natierlech Methoden ze gräife sinn fir se ze induzéieren. Et ass dofir noutwendeg monoton Reizen ze kombinéieren mat engem Objet ze stierzen fir d'Aen ze fixéieren. D'Ähnlechkeet mat Meditatioun entsteet hei. Perséinlech denken ech, datt wann et en Ënnerscheed tëscht Selbsthypnose a Meditatioun erreechbar ass, et eng ganz fein Linn tëscht hinnen ass.

* Selbstinduktioun vun Hypnose (Selbsthypnose).

Et ginn zwou Weeër fir Selbsthypnos ze léieren. Dës Fäegkeet kann duerch Konditioun ënner Hypnose oder duerch Selbststudie kaaft ginn.

a) Conditionéierung ënner Hypnose vun engem Hypnotist.

Dëst ass dee schnellsten an einfachste Wee fir ze léieren wéi ee Selbsthypnose induzéiere kann. Wéi och ëmmer, et léiert net de Prozess vu Kontroll vu sengem Cours - dëst gëtt mat Erfarung kritt.

Mir si mat dem Hypnotist averstanen datt hien déi posthypnotesch Prozedur aféiere wäert fir an Hypnos anzegoen. Zum Beispill en Hypnotist seet Iech datt Dir hypnotiséiert sidd wann Dir de Saz selwer ausdréckt: "Adam, wann ech" dräi "soen, wäert ech vu mir selwer hypnotiséiert ginn, een, zwee, dräi."

Dann, wann ee sech selwer hypnotiséiert, geet et duer dëse Saz auszeschwätzen an direkt an der Selbsthypnose ze sinn. Et ass och derwäert d'Signal z'identifizéieren dat d'Ausfaart vun der Hypnose ausléist. Idealerweis sollt et en Alarmsignal sinn. Et ass dann einfach déi zäitlech Strengheet z'erhalen.

b) Brave Léiere selwer .

Am Fall wou mir keen Hypnotiker kennen, musse mir nëmmen onofhängeg léieren. D'Methode fir d'Selbsthypnose ze induzéieren ënnerscheede sech net wesentlech vun de Methoden an deenen den Hypnotist aktiv involvéiert ass.

An der "renger" Selbsthypnos benotzt de Mënsch déi virdru bekannte Methode vun der Hypnotiséierung. Déi meescht Leit op dësem Punkt begéinen eng Barrière: Wéi kanns du dech selwer kontrolléieren wann Dir ënner Hypnose sidd?

Wéi gewéinlech gëtt et e Mythos datt Hypnose eppes ass wéi Schlof, a Schlof kann net kontrolléiert ginn. Awer Hypnose ass keen Dram. Et ass en anere Bewosstsinnszoustand, an deem déi hypnotiséiert Persoun a voller Kontroll vun der Situatioun ass.

De Schlëssel fir d'Selbsthypnos ze beherrschen ass d'Fäegkeet ze léieren "aus dem Kierper erauszekommen". Et handelt sech dorëms de Geescht vum Kierper ze trennen. Dann ass den Hypnotist eise Geescht. Hie sëtzt nieft eisem Kierper, oder "hypnotiséiert", a gëtt en Uerder. Am Ufank ass et schwéier d'Reaktioune vun Ärem Kierper ze kontrolléieren ouni Iech domat ze identifizéieren. Wéi och ëmmer, ech mengen datt Leit mat Fantasi ganz séier mat dësem Problem solle goen .

Dir kënnt Äert Liewen a Léiere méi einfach maachen mat engem Bandrecorder. Wärend Hypnotisten gleewen datt dëst net méi Selbsthypnose ass, ass et egal ob Äert Zil ass Wëssen ze kréien, net Selbsthypnos ze léieren.

Also wann Dir e Bandrecorder hutt, kënnt Dir Är Kommandoen op Band ophuelen an zréckspillen wann Dir Trance gitt. Et ass wichteg sech net opreegen ze loossen datt et Probleemer gëtt mam Bands ze halen. No e puer Versich sollten d'Reaktiounen der Geschwindegkeet vum Kassett entspriechen. Dir musst just Gedold sinn an dës Versuche maachen.

De Wee fir ënner Hypnose ze léieren.

Deen eenzegen Ënnerscheed tëscht der Aart a Weis wéi Dir léiert wann

Dir waakreg sidd an ënner Hypnose ass datt Dir musst an den hypnotesche Staat erakommen ier Dir léiert. Duerno geet d'Léiere wéi gewinnt fort , mam Ënnerscheed datt d'Material eemol (oder bis zu zwee Mol) gelies gëtt net muss widderholl ginn. Hypnotiséiert liest hien den Text mat enger Geschwindegkeet passend zu senger Fäegkeet et permanent ze erënneren. Déi eng maachen et méi séier, déi aner méi lues.

Wann Dir Iech ëm d'Zäit këmmert a Problemer mat der Selbsthypnose hutt, da géif hie proposéieren Iech mat Äre Frënn eens ze ginn an zesummen ze léieren, ofwiesselnd en Hypnotist, Enseignant an e hypnotiséierte Student. Wéi och ëmmer, Eenzelgänger oder Leit, déi hir Frënn wëllen iwwerraschen, gi mat der schwiereger Konscht vu Selbststudie hannerlooss.

*** Selbststudie.**

Selbststudie an der Hypnose ka wéi folgend sinn:

Dir verbitt de Rescht vun der Famill, fir déi nächst zwou Stonnen, an Äert Zëmmer eranzekommen oder Iech un den Telefon ze ruffen, Spullen ze wäschen , asw. Dir hänkt och eng Kaart un der Dier mat der zoustänneger Informatioun "KENG ZOUGANG" - sou datt een net vergësst.

Dir hutt scho Fridde vum Geescht fir datt Dir Äert Léiermaterial preparéiere kënnt. Wann Dir fäeg ass déif Hypnose ze induzéieren, preparéiert Dir Notizbicher oder Bicher. Wann nëmmen an enger Plack, dann e Bandsrecorder (am beschten Kopfhörer op d'Oueren leeën, well se d'Ëmwelt ofgeschnidden hunn). Et ass wichteg datt d'Handbüroen einfach zougänglech sinn a bannent einfach erreechen.

D'Benotzung vun engem Bandrecorder huet een Nodeel:

Den Taux vun der Wiedergabe vu opgeholl Messagen entsprécht normalerweis net dem Taux vun der Absorption vun der hypnotiséierter, dh wann de Kassett méi séier ass wéi Dir kënnt, gi vill Messagen net absorbéiert, och wa se um Kassett waren. Op dës Manéier, wann Äert Wëssen nom Léiere fällt (zousätzlech Offall vun Zäit), kënnt Dir en Trick op d'Äntwert oder op e Pabeier spillen. Ëmgedréit, wann Är

Messagen méi lues spillen wéi Äre Geeschteszoustand et erlaabt , gëtt Zäit och verschwend. Wéi och ëmmer, dëst ass besser wéi de Fall virdrun.

Wéi och ëmmer, d'Geschwindegkeet fir d'Léiermaterial ze reproduzéieren ass ni optimal, well op verschiddenen Deeg, an och zu verschiddenen Zäiten vum selwechten Dag, wäert d'Léierfäegkeet méi oder manner sinn. Et hänkt vu sou vill Faktoren of, datt et ausser Kontroll ass. Nëmmen eng zweet Persoun déi d'Hypnose kontrolléiert kéint den optimalen Tempo vum Léieren aféieren. Gutt, awer Dir léiert selwer, sou datt dës Méiglechkeet net existéiert.

P Méin Aféierung an Hypnos ze motivéieren gutt Wëssenschaft vun widderholl affirmations all Typ ze widderhuelen:

- Ech si frou datt ech léieren.

- Ech genéissen ze léieren an et kënnt einfach an de Kapp.

- Léieren ass einfach a lëschteg.

- Ech wäert haut vill nëtzlech Neiegkeeten hunn. Ech wäert fäeg sinn méi ze maachen wéi anerer.

- Ech si frou iwwer ze léieren.

Dir sollt dës Bestätegunge widderhuelen fir (2 - 3 Minutten).

Si kënne witzeg an domm schéngen, awer si sinn ganz effektiv. Dir kënnt Är eege motivéierend Sätz aginn . Wat se méi der Perséinlechkeet passen, wat se méi Effekt hunn.

No Affirmatioune setze mir eis an d'Hypnose an ... mir léieren!

A flaacher Trance lauschtere mir de Kassett, am Déif benotze mir all verfügbare Léiermethoden, och an enger Friemsprooch ënnerhalen.

OPGEPASST! Ier Dir d'Trans verléisst, solle Kommandoe gi fir dat verschafft Material ze memoriséieren.

* Kollektiv Léieren.

Wann Dir e Buddy hutt deen hypnotiséiere kann an och Hypnose léiere wëllt, sidd Dir glécklech . Dir kënnt e Rendez-vous mat him maachen fir zesummen ze studéieren. Am Géigesaz zum Kollaboratiounsléiere wa se waakreg ass, wou d'Präsenz vun enger anerer Persoun am meeschten oflenkt, huet Zesummeléieren ënner Hypnos Virdeeler. Et erlaabt Iech séier an d'Hypnose an e flexiblen Studiegang ze goen.

Den yzer Hypnotist gesäit de Fortschrëtt deen de Schüler mécht a kann de Tempo vum Message verlangsamen oder beschleunegen an och Variabel Medien benotzen (verbal oder grafesch etc.).

Ideal ass nëmmen eng Persoun während enger Léier Sessioun hypnotiséiert an déi aner Persoun op engem aneren Dag. E Léierensystem an deem d'Léierer sech ofwiesselen ze hypnotiséieren ass net dat Bescht. Mat limitéierter Léierzäit verléiert zevill Zäit bei der Induktioun vun der Hypnose, a Situatioune kënnen entstoen wou en Trancezoustand erakënnt, zum Beispill zweemol 10 Minutten, a pur Léieren dauert all 20 Minutten. An esou enger Situatioun ass et besser nëmmen eng Persoun ze hypnotiséieren a 50 Minutten ze studéieren an déi aner Persoun op engem aneren Dag ze léieren.

De Cours vum Léiere ass wéi follegt:

Den Hypnotist setzt den Hypnotist an eng Trance. Wann déi hypnotiséiert Persoun Schwieregkeeten huet an eng déif Trance eranzekommen, stoppe mir bei mëttlerer Hypnose. Da gëtt hien un agreabel Eventer a sengem Liewen erënnert fir säi Wuelbefannen ze verbesseren an nëmmen da fänke mir un ze léieren. Am Ufank gëtt d'Material dat verbal ka ginn veraarbecht. Eréischt méi spéit kënnt Dir probéieren déi hypnotiséiert Persoun an eng méi déif Trance ze setzen, sou datt déi hypnotiséiert Persoun eleng geet a Bicher liest. Den Hypnotist handelt dann nëmmen als den Hypnotist - hien ass keen Enseignant. Dëse Stand vun Affären ass am beschten well de Léierer onbewosst dee beschten Tempo vum Léiere fir sech selwer wielt. An esou enger Situatioun kënne mir 100% sécher sinn datt de veraarbechte

Material erënnert gëtt .

Wéi och ëmmer, wann et net méiglech ass, déi hypnotiséiert Persoun an esou en déiwen Trance ze bréngen, muss d'Geschwindegkeet vum Léiere vum Hypnotist bestëmmt ginn. Duerfir gi se och Enseignant, fir déi se vläicht net richteg qualifizéiert sinn, zB kënne se schlecht liesen an domat Wierder an enger Friemsprooch falsch ausdrécken . Jiddereen dee probéiert huet eng Sprooch mat sou enger Persoun ze léieren, wéi schiedlech se ass.

Ausserdeem gëtt d'Effektivitéit vum Léiere reduzéiert wann säin Tempo vun enger anerer Persoun wéi dem Léierer festgeluecht gëtt.

Léieren ënner Hypnose ass net geeschteg midd, well déi hypnotiséiert Persoun fillt net de Verlaf vun der Zäit. Wéi och ëmmer, de Kierper ass ënner der maximaler Belaaschtung an dofir sollt Dir net ze laang studéieren. Wéi vill Stonnen kanns du studéieren? Et hänkt vum Wuelbefannen an de Fäegkeete vum Eenzelnen of. Am beschten am Ufank kuerz studéieren an dann d'Léierzäit erhéijen bis et sech erausstellt, nodeems se aus der Hypnose erauskoum, datt d'Léierzäit ze laang ass an de Schüler midd ass. Op dës Manéier kann d'optimal Léierzäit bestëmmt ginn.

Ier en aus der Hypnose geet, soll den Hypnotist Befehle ginn, fir dat veraarbescht Material ze memoriséieren.

Kämpfen GÉINT ADDIKTIONEN

Am Géigesaz zu den Erscheinunge gëtt Hypnose méi dacks vun Dokteren benotzt wéi vu Bühnenhypnotisten. Si benotzen et fir vill psychosomatesch Stéierungen, Neurosen, Alkohol, Drogen an Nikotin Sucht ze behandelen.

De Faktor deen zur Verbesserung vun der Gesondheet bäidréit sinn hypnotesch a posthypnotesch Virschléi, souwéi den Zoustand vun der Hypnose selwer, deen dacks u sech entspaant ass.

Dofir gëtt hypnotesch Trance alleng dacks ouni Virschlag benotzt, ganz laang gedauert (fir e puer Stonnen) an dacks als "hypnotesche Schlof" bezeechent.

A ville Kliniken am Westen ass Hypnos eng vun den Techniken, déi d'Behandlung vun Alkoholismus a Fëmmen ënnerstëtzen. Speziell betount d'Wuert "Ënnerstëtzung" well se et benotzt hunn fir de Wëllen ze stäerken an d'Benotzungsvirschléi posthypnotesch negativ Reflexer mat Alkohol oder Zigaretten assoziéiert ze entwéckelen, an net als essentiell Behandlung. Hie sollt drun denken datt jiddereen deen nëmmen Hypnose benotze wëll. Dir kënnt zac zac sech drun gewinnt (besonnesch wann een Angscht huet en Dokter ze gesinn), awer wann et net genuch ass, sichen Hëllef vu Fachleit.

Alkoholismus.

Alkoholismus gëtt als Krankheet ugesinn. Seng Behandlung soll ënner medizinescher Iwwerwaachung stattfannen, well fir d'éischt soll de Kierper entgëften. Stellt Iech awer vir, datt een sech nach net als Sucht ugesäit a just säin Drénke reduzéiere wëll.

Wann Dir Iech gewinnt sidd, ass et derwäert d'Hëllef vun engem beléiften ze benotzen fir d' Effektivitéit vun de Sessiounen ze erhéijen. An et geet net ëm d'Tiefe vun der Trance, mee ëm d'Méiglechkeet de Kierper "ze programméieren". Et ass besser d'Gefill vum Ekel ze "programméieren" andeems een eng Zigarett an de Mond stécht, wéi zum Beispill just mat Befeeler.

Mir fänke un d'Sucht gewinnt andeems mir eis an eng Hypnos féieren. Wa mir eleng sinn, bereede mir e Bandrecorder mat passenden Kommandoen op, déi op engem Band opgeholl goufen. Wann een eis hëlleft, gi mir d'Lëscht vun de Befeeler un dës Persoun weider. Ech wäert hiren Inhalt hei drënner presentéieren. Elo ass et net néideg déif Hypnos ze maachen fir gutt Resultater z'erreechen. Nodeems Dir eng hypnotesch Trance induzéiert, erlaabt der hypnotiséierter Persoun sech fir eng Zäit ze entspanen an e puer Minutten an dësem Zoustand ze bleiwen. Nëmmen da gi mir Virschléi vir, déi als Zil hunn eng "Allergie" fir Alkohol ze induzéieren

Bewaffnet mat zum Beispill Ammoniak kënne mir et ënner seng Nues zesumme mat engem Glas Waasser mat e bëssen Alkohol an e Virschlag setzen datt et Wodka ass. Op dës Manéier wäerte mir eng eekleg Reaktioun op de Geroch vun Alkohol entwéckelen. Eist nächst Zil ass Erbriechen ze induzéieren nom Alkohol drénken. Dëst ass en drastescht Zil an nëmmen an aussergewéinleche Fäll benotzt, dh am Fall vu Sucht, an net am Fall vu sengem Mëssbrauch.

Am Kampf géint Sucht däerfe mir net vergiessen Suggestiounen ze bidden déi de Wëllen an d'Selbstdisziplin vun den hypnotiséierten erhéijen:

"Dir wäert net Loscht hunn Wodka ze drénken" etc.

Verschidde lästeg posthypnotesch Virschléi kënnen och benotzt ginn, zB wann et eng Méiglechkeet war Alkohol ze drénken, oder wann d' Kollegen Iech géifen invitéieren Wodka ze drénken, sollt Dir der hypnotiséierter Persoun bestellen en onbehënnert Zwang ze hunn heem ze kommen fir sech wéi eppes anescht ze fillen, oder, als leschten Auswee, sech schlecht ze fillen. hie fillt. Sou posthypnotesch Virschléi kënne ganz effektiv Méiglechkeete fir ze drénken eliminéieren.

Fëmmen.

Zigarette fëmmen ass eng gemeinsam Gewunnecht déi duerch Hypnose erfollegräich iwwerwonne ka ginn. Natierlech ass et derwäert e spezielle Gummi mat Nikotingehalt ze knäissen fir den Honger am Kierper ze reduzéieren , awer den Haaptprobleem, dee ganz schwéier an dëser Sucht ze iwwerwanne ass, ass déi ganz Beschichtung vum Fëmmen. Leit, déi ophalen ze fëmmen, wësse net wat se mam Mond an Hänn maache sollen. Si mussen eng nei Kaart mat Gesiichtsausdréck a Gesten erstellen. Eng Kaart ouni Plaz fir eng Zigarett déi se geeschteg sécher hält.

Dofir ass den éischte Schrëtt am Kampf géint Zigaretten eng Lëscht ze kreéieren vun den typesche Reflexer, déi domat verbonne sinn. Et ass eng gutt Iddi virum Spigel ze sëtzen an, wann Dir Iech verschidden typesch, stresseg a witzeg Situatioune virstellt (oder erënnert), Äert Verhalen suergfälteg beobachten. Situatiounen an deenen et evident ass datt d'Zigarett en Ecran ass, sollten op d'Lëscht agoen. Da kënnt Dir observéieren wéi Net-Fëmmerten sech an ähnleche Situatiounen verhalen a vun hinnen Gesten ausléinen, déi wärend der Hypnos kënnen opgeholl ginn. Zousätzlech ass d'Zil vun der Hypnose eng Ofneigung fir Zigaretten ze bestännegen. Déi bescht Resultater ginn duerch Erhalen vun der Ofneigung fir de Geroch vum Tubakrauch. Trotz Optrëtter huet de Mënsch e staarke Gerochssënn. Wann iergendeen e "mëllen" Geroch huet, da wäerte se sécher jiddereen ofweisen. Ähnlech, wann de Geroch vun Zigarettendamp engem onangenehm ass, vermeiden se Zigaretten.

D'Prozedur ass wéi follegt:

Nodeems Dir eng hypnotesch Trance induzéiert hutt, setzt eng beliichten Zigarett an de Mond vun der hypnotiséierter Persoun a setzt eng Fläsch mat Ammoniak ënner seng Nues. Op dës Manéier probéieren mir e Reflex vum Ekel mam Geroch vun Nikotin z'entwéckelen.

Mir ënnerstëtzen d'Therapie mat Virschléi, déi d' Verlaangen no Zigaretten fir aner Verlaangen änneren, zB fir Gummi oder Uebst.

Iwwerdriwwe giess.

Dësen Zoustand betrëfft wuel all d'Leit op dëser Welt. E puer Leit (glécklech Leit!) Fëllt hir Effekter net, op d'mannst déi méi sichtbar wéi Iwwergewiicht, awer et sinn och déi, déi mat hirem Optrëtt a Gesondheet dofir bezuelen.

An dësem Fall ass Hypnose zimlech effektiv, well et genuch ass fir Är Iessgewunnechten z'änneren fir super Resultater z'erreechen a vergiess ze hunn eng Kéier ze beméien tëscht Perioden vum Binge-Iessen an de folgende Fasten kombinéiert mat Diätwonner.

Mir fänken d'Ännerung vun de Gewunnechten un andeems mir eng Lëscht maache mat den Haaptnodeeler vun der aktueller Ernärung, zB ze vill Schockela, Séissegkeeten, asw. Oder ze fett Diät (giele Kéis, Fettgeescht). An dëser Aart a Weis bestëmme mir wéi eng Liewensmëttel während der Hypnose stigmatiséiert ginn.

Et sollt een sech drun erënneren datt mir d'Liewensmëttel net esou stigmatiséieren (dëst kéint zu Anorexie féieren), awer nëmmen hir individuell Zutaten. Am Allgemengen probéieren mir net d'Quantitéit vum verbrauchte Liewensmëttel ze reduzéieren, awer wëlle just hir Zesummesetzung änneren fir méi gesond a manner kaloresch ze sinn.

Dir kënnt nëmmen d'Quantitéit u Liewensmëttel reduzéieren andeems Dir Äre Liewensstil ännert. Wann een en aktiven a beschäftegte Liewensstil féiert, huet se einfach keng Zäit fir ze iessen. Am Tour, wann een de ganzen Dag virun engem Fernsehapparat, engem Buch asw. Sëtzt, ësst hien normalerweis iwwregens. Et ass wichteg datt Dir eppes vu Grénges iesst, an net kaloriengem Platen.

Dofir, an der Hypnose, maache mir Virschléi, déi Iech encouragéieren Geméis an Uebst ze iessen.

De folgenden y Trick kann benotzt ginn :

Wa mir der hypnotiséierter Persoun e gutt gerochend Iessen ginn, wat d'Gefill vum Honger induzéiere soll, zerwéiere mir nëmmen Uebst a Geméis. Mir proposéieren och Virschléi fir dës Zort Liewensmëttel ze promoten.

Abléck an Tipps

An de fréie Phasen vum Léiere vun der Hypnos gëtt en Hypnotist vu ville Feeler ausgesat, déi säi "Ruff" beschiedegen a méi grouss Konsequenzen hunn. Dofir mengen ech, datt meng Berodung an Observatiounen a Warnungen nëtzlech kënne sinn.

1. Wann Dir e Mann sidd ass et besser ni all Meedchen eleng ze hypnotiséieren. Dir riskéiert vu sexuellen Mëssbrauch virgeworf ze ginn. Dat Schlëmmst doriwwer ass datt hatt wierklech gleewe kann datt et geschitt ass. Mozes mat sou verléiert hir Sympathie oder Frëndschaft, wann esou eppes Dir gemeinsam hutt.

2. Wärend der Hypnose gitt keng Kommandoen déi der hypnotiséierter Persoun permanent indisposition kënne verursaachen, zB "Dir wäert net hongereg sinn, Dir wäert net hongereg sinn".

3. Denkt drun datt verschidde Kommandoen déi entgéintgesate Reaktioun op déi beabsichtigt verursaachen, zB Dir kënnt net soen: "Dir

fillt Är Hand net, Dir fillt kee Schmerz ...", well dëst kann déi entgéintgesate Reaktioun verursaachen an organesch Schmerz verursaachen oder d'Hand deaktivéieren. Wa mir onempfindlech fir Péng wëlle sinn, benotze mir Virschléi wéi "... elo fillt Dir Iech kee Moment wann ech Iech beréieren, fir ee Moment fillt Dir Iech net désagréabel ...".

4. Ni iwwerzeegt ginn der hypnotiséierter Persoun Befeeler ze ginn, déi hien degradéieren, zum Beispill, ënner dem Dësch ze blaffen , sech auszedoen , asw., Oder Geheimnisser oder intim Detailer aus sengem Liewen erauszéien. Wann Dir sou eppes maacht, verléiert Dir de Respekt vun Ären anere Kollegen. Och déi, déi dech iwwerzeegt hunn dat ze maachen.

5. Benotzt d' Bühnentechnik net ze dacks a kuerzer Zäit ze hypnotiséieren (op eng an déi selwecht Persoun). Dir kënnt hir eng Neurose op dës Manéier "ginn".

6. Wann Dir Iech fillt datt Dir net an der Stëmmung sidd fir ze hypnotiséieren, start d'Sëtzung net och wann een staark insistéiert.

7. Dacks bedingen d'Hypnotisten déi hypnotiséiert Persoun op e Slogan (Konditioun duerch posthypnotesch Virschlag) sou datt et méi spéit méi einfach ass, se an eng Trance ze setzen. Dir kënnt dat och maachen, erënnere just un - dëse Slogan muss sou ongewéinlech sinn datt et net an enger normaler Liewenssituatioun kënnt.

8. Ni sidd besuergt datt Är Kommandoen Iech zum Laache bréngen. No enger Zäit vergeet de Wonsch vu jidderengem fir ze laachen.

9. Wann Dir op enger Party wëllt hypnotiséieren an Dir kënnt keng dynamesch Technik benotzen, oder et gëtt keng Persoun fir dës Technik gëeegent, gitt an en anert Zëmmer an hypnotiséiert déi Persoun vun Ärer Wiel mat enger anerer Technik. Eréischt duerno invitéiert de Rescht vun der Partei fir weider ze spillen.

10. Wann Dir eng Persoun hypnotiséiert, loosst eis soen, superstitious, Dir kënnt Iech als eng Persoun mat iwwermënschlecher Kraaft maachen, awer maacht Iech net als eng net verfügbar Persoun. Sidd ëmmer léif a sympathesch.

11. Ni Angscht virum hypnotiséierte weisen. Sief ëmmer zouversiichtlech. Wann Dir d'Kontroll iwwer de hypnotiséierte verléiert, weist et Iech net.

12. Denkt drun datt wann Dir d'Kontroll iwwer den hypnotiséierte verléiert, musst Dir hien direkt aus der Trance erausbréngen. Dir kënnt déi üblech Method benotzen oder duerch absurd Uerder ginn. Wann Dir et fällt, an déi hypnotiséierter Persoun stéiert hien net, loosst hien a Rou a looss hie schlofen.

13. Wann Dir net fäeg ass eng Persoun vun Ärer Wiel ze hypnotiséieren - maacht Iech keng Suergen. Wielt eng aner oder probéiert eng aner Kéier. Übung mécht perfekt. Och hypnotiséiert.

14. Dacks, Leit, déi hypnotiséiert sinn, nodeems se aus enger Trance erauskoumen, verleegnen datt se an enger hypnotescher Trance waren. Si behaapten et ze faken. Sou verwinnt se d'Wuelbefannen an d'Kredibilitéit vum Hypnotist. Wann der hypnotiséierter Persoun effektiv posthypnotesch Virschléi gëtt, wäert seng Versécherungen iwwer d'Ineffektivitéit vun der Hypnose bedauerlech sinn . Also ass et ëmmer wäert et op d'mannst een esou Virschlag während der Hypnose anzeféieren.

15. Ni en Interview ophalen. Dëst ass den heefegste Feeler vun Ufänger, ignoranten oder iwwerversécherten Hypnotisten. Och e kuerzt Aféierungsgespréich kann Iech vill iwwer déi hypnotiséiert Persoun erzielen an et méi einfach maachen eng Trance ze induzéieren.

16. Haalt en Notizbuch an deem Dir all Är Victoiren, Feeler a Bemierkungen opschreift. An dëser Aart a Weis wäert Dir permanent

entwéckelen. Och wann Dir eng Zäit laang Hypnose opgitt, kënnt Dir no ville Joeren drop zréck kommen an alles erënneren.